人 文 书 托 邦

门口的陌生人

STRANGERS AT OUR DOOR

[英]齐格蒙特·鲍曼 著

姚伟 等 译

中国人民大学出版社

·北京·

目录

第一章

移民恐慌及其滥用

第一章　移民恐慌及其滥用

电视新闻、报纸头条、政治演说、网络推特等等，常常传达 1
公众的关注焦点，表达公众的焦虑与恐惧，并加以大肆渲染。现
在，它们又纷纷转向“移民危机”这一话题。这一话题现在显然
已经淹没欧洲，似乎预示着我们所熟知的、所实践和珍爱的生活
方式即将崩溃和消逝。那些舆论制造者，为了征服和控制人们的
心理与情感，并使之从属于自己，而不断地发动宣传战役；当下
的“移民危机”，正是这种战役的政治代号。现在，来自那个战
场的新闻媒体所造成的影响，的的确确已经导致了一种“道德恐
慌”[①]。正如英国维基百科的记载，根据对这种现象的被普遍接受的
定义，所谓“道德恐慌”(moral panic)，是指“一种在大量人口 2
中广泛扩散的恐惧感，这种恐惧感使人们认为存在某种邪恶的东
西，正在威胁社会的幸福安宁”。

正当我写作这些文字的时候，另一种悲剧——一种天生的麻

① “道德恐慌”是美国社会学家斯坦利·科恩(Stanley Cohen)1972年在其《民间恶魔与道德恐慌》(*Folk Devils and Moral Panics*)一书中创造的一个术语，指的是确实存在某种违反道德规范的问题，实际上并不十分严重，但经由媒体的大量报道和渲染，使人们因这种道德问题而产生恐慌。——译者注

木不仁和道德盲从——又在依次等候上演。移民悲剧的层出不穷，使公共舆论——在一味追求收视率的媒体的共谋下——渐渐地然而也是无情地达到“难民悲剧疲劳”的程度。欧洲相关各国政府打击偷渡导致小孩溺水而亡，紧急修建隔离墙，拉起带刺的铁丝网，建起极度拥挤的难民营……它们竞相推诿，把移民当成烫手山芋，侮辱、伤害、驱逐他们，把他们圈在狭小的避难地，使他们原本安全的海上航行变得极其危险，使他们的精神高度紧张。所有这些无德暴行，已经越来越不是什么新闻，也越来越少地出现在“新闻”当中。可叹的是，人们对于移民遭受的各种命运打击，逐渐习以为常；而这种道德恐慌，也终将自我消散，被忘却的面纱包裹着，从人们的视野中消逝，也从人们的意识中消逝。现在，有谁还记得那些在澳大利亚寻求避难的阿富汗难民呢？他们曾用身体猛烈撞击澳大利亚伍默拉（Woomera）那带刺的铁丝网，却最终被遣送到澳大利亚当局在瑙鲁和圣诞岛修建的大集中
8 营中，并被禁止再进入澳大利亚本土水域。又有谁还记得那数十名苏丹流亡者？他们先是被“联合国难民事务高级专员公署剥夺了难民权利”，后又在开罗市中心被警察开枪射杀。[1]

① 参见 Michel Agier, *Managing the Undesirables,* trans. David Fernbach, Polity, 2011, p. 3。

第一章　移民恐慌及其滥用

大规模移民绝非什么新鲜事。其自始至终与现代历史紧密相随（不过，迁移的方向总是在不断变化，有时甚至完全相反）。因为我们的“现代生活方式”，本身就会产生“多余的人”。经济的“进步”使本地无法容纳这些人，这些人在本地逐渐变得“多余”，被认为是过剩的、无法就业的人口；或者当地社会转型或政治转型及其权力斗争，导致各种混乱、冲突和纷争，而他们成为牺牲品并被抛弃。然而，最重要的原因则是西方各国的错误打算，愚蠢的、目光短浅的、现在公认已经夭折的政策以及军事冒险，导致中东地区陷入了让人绝望的混乱和剧烈动荡，造成了我们现在必须承受的一系列恶果。

可见，目前中东出现大规模的移民运动（难民潮）的原因是双重的，这种难民潮对所到之处造成的影响也是双重的，而相关国家和地区的反应同样是双重的。整个世界分为“发达国家”与“欠发达国家”两大部分。经济移民和难民来到发达国家寻找避难所，而发达国家的工商利益集团因为垂涎这种廉价劳动力和熟练技术工人，也欢迎移民的进入，以便为他们赚钱［对此，多米尼克·卡西亚尼（Dominic Casciani）含蓄地指出：“在英国这个岛国，雇主已日益谙熟于如何获得外国的廉价劳工——通过设在大陆的人事雇佣代理机构，竭力寻找、签约并雇佣外国劳工”[①]]。但是，由于移民数量巨大，加之其既有社会地位脆弱和未来前景不稳，移民潮使劳动力市场竞争更加激烈，更加具有深层的不确定性，移民获得改善的机会越来越渺茫。这些移民已处于一种随时可能引发政治爆炸的精神状态，而各国政客们则处于一种尴尬的境地，既想满足其资本家主子的贪欲，又想安抚选民的担忧，并在这两种不可调和的意图之间摇摆不定。

不过，从总体上看，鉴于当前形势以及将来较长一段时间内的前景，大规模移民不会因为缺少拉动力，也不会因为发达国家日益强化的严密阻挠而逐渐停下来。对此，罗伯特 · 温德尔（Robert Winder）在其著作前言中进行了尖锐的评论：“我们可以仍然按照我们的习惯，抽把椅子坐在海滩上，对汹涌而来的浪
5 潮吼叫，但是，浪潮不会理睬，大海也不会后退。”[②]那种修建隔离墙，想把移民挡在“我们后院”之外的做法，与古希腊哲学家第欧根尼（Diogenes）的故事一样荒谬。锡诺普（Sinope）的第欧根尼选择居住在破旧的木桶中，并沿着街道把木桶滚来滚去。

然而，最近几年来，难民与寻求避难所者的数量，在敲打欧

① 参见 www.bbc.co.uk/news/uk-31748423。

② 参见 Robert Winder，*Bloody Foreigners: The Story of Immigration to Britain*，Abacus，2013，p.xiii。

洲之门的移民总数中的比例急剧上升；这种上升是“正在倒下”或已经倒下的国家日益增多导致的，或者说是无国家也无法律的地区日益增多导致的。在出于各种意图与目的的力量的作用下，很多国家倒下了，变成了无国家也无法律的地区。漫长的部落与宗派战争、大规模的屠杀、肆无忌惮和日益猖獗的强盗抢劫，导致了这种难民的增多。西方国家发生致命误判，错误地发动阿富汗战争和伊拉克战争进行讨伐，导致了灾难性的后果，也在很大程度上间接地导致了这种难民的增多。军事干涉虽然消灭了这些 6
国家的独裁政体，却使其完全陷入毫无规则、暴力泛滥的状态。几近失控的全球军火交易还为这些暴力煽风点火、添薪加柴，贪婪攫利的全球军火商使这些暴力更加激烈，全球军火交易以及各国军工产业又得到了越来越追求 GNP 的政府的默许和纵容（在各种国际军火交易大会上，世界各国竞相公开展示自己的武器，并不以为耻反以为荣）。专制的暴力统治，迫使人们背井离乡、抛家舍业，不得不放弃他们所珍爱的一切，从而形成这种移民洪流。这些离开杀人场而寻找避难所的人们所形成的洪流正在急剧扩大，其规模远远超过了相对稳定的所谓“经济移民”。他们在所有人都是人、希望过上人的生活这一愿望的驱使下，渴望从贫瘠之地迁移到绿草之地，从贫困落后、了无生趣之地迁移到机会遍地的梦境之地。对于由那些试图寻找体面生活机会的人所形成的稳定人口流动（这种流动始于人类之初，因现代工业导致的“多余的人”和“无用的生命”而加速[①]），保罗·科利尔（Paul Collier）说道：

> 第一个事实是，穷国与富国之间的收入鸿沟已大得让人难以
> 7 置信，而未来数十年的全球增长过程还将使其进一步扩大。第二个事实是，人口迁移将不会显著地缩小这一鸿沟，因为反馈机制太弱。第三个事实是，随着人口迁移的继续，流离国外的移民人口还会继续增加，并保持数十年的原本的生活状态。因此，这种收入鸿沟将继续扩大。而促使人口迁移的因素和力量还将增多增强，这意味着从穷国到富国的移民必将加速。在可以预见的将来，国际人口迁移并不会达到均衡，而从过去到现在，其一直处于失衡状态，这种失衡状态还将长期持续下去。[②]

据科利尔统计，从1960年到2000年，“从穷国到富国的

① 参见 Zygmunt Bauman, *Wasted Lives: Modernity and Its Outcasts*, Polity, 2003。

② Paul Collier, *Exodus: Immigration and Multiculturalism in the 21st Century*, Oxford University Press, 2013. 此处引自 Penguin Books (October 30, 2014) , pp. 50-51。

移民人数，从每年2 000万人增长到每年6 000万人（当时他只能获得2000年的数据）。而且，每一代移民人口规模都在扩大。……我们有理由假定，到2000年，这种移民人口规模还会扩大”。根据其自身逻辑和动因，我们可以断定，穷国与富国之间的人口流动，与互通容器中的液体流动无异。移民人口的数量一定会逐渐上升，直到这个全球化星球的“发达部分”与“发展中部分（?）”的幸福水平被拉平，才会趋于平衡。这种结果是完全可 8 能的，但恐怕得等上很多代人——甚或除非历史的命运出现出乎意料的转折。

自现代开端起，来自最残忍、最野蛮的战争和独裁政体的难民，或者来自最原始的饥饿、最绝望的生存状态的难民，就叩响了其他民族的大门。而这些大门后面的人们，一直把这些难民当作陌生人，即使今天也是如此。陌生人之所以导致人们焦虑不安，完全是因为他们是“陌生的”——并因此是难以预测的，与我们在日常生活中接触与互动的人们不同，也与那些我们认为自己知道可做何种预期的人们不同；而我们都明白，突然涌来大量的陌生人，可能摧毁我们所珍爱的事物，特别是弄瘫痪甚至毁灭我们舒适而熟悉的生活方式。当我们在街上遇到我们熟悉的，在同一社区、城市或工作场所的那些人时，我们往往会把他们分成朋友或敌人，从而欢迎他们或者只是容忍他们；但是，不管我们把他们归于何种类型，我们都知道他们会如何行事，也知道如何与他们互动，如何与他们打交道。然而，对于陌生人，我们由于了解和知道得太少，所以不能恰当地理解他们的行事路数和策略，因此也就不能形成我们恰当的应对策略，而只能猜测
9 他们的意图可能是什么、他们下一步将要干什么。不知道如何继续、如何处理不是我们造成的，也不受我们控制的情景，是焦虑与恐惧的主要原因。

也许我们会说，“在我们之中有陌生人”，是一种普遍存在的现象，是任何时候都会不期而遇的问题，也是在密度较高的人口中不同程度存在的现象。在人口稠密的城市，人们不可避免地产生相互矛盾的两种窥探（mixophilia）冲动。一方面，人们为光怪陆离、斑驳多彩的周围环境所吸引，为了寻求和获得未知的和未探索的经验，而乐于冒险与发现；另一方面，人们又担心并试图找出那些未知的、桀骜不驯的、令人不快的、难以控制的事物，以便将其纳入自己的掌控之中。第一种冲动是城市生活之所以具有吸引力的主要原因。第二种冲动则相反，是最可怕的毒药，特

别是对于不太幸运和没有更多资源的人来说，更是如此。有钱有势的人，可以购买“封闭社区”的房子，并躲入其中，使自己与那些让人不适、迷惑甚至恐惧的，复杂混乱、吵闹喧嚣、拥挤不堪的城市街道隔绝开来。而一般的平民百姓，则无法让自己远离散布于异质的、极其冷漠的、不可信任的、充满敌意的城市环境中的那些诱惑和陷阱，为了生存，他们注定要不断暴露 *10*
在城市暗藏的那些危险面前。正如阿尔贝托·纳德利（Alberto Nardelli）在 2015 年 12 月 11 日的《卫报》（*The Guardian*）上所指出的：“近 40% 的欧洲人认为，外来移民是欧洲所面临的最值得关注的问题，这个问题的关注度排在了其他所有问题之前。而就在一年之前，只有不到 25% 的欧洲人持有这种看法。民调结果显示，在英国，平均每两个英国人就有一个认为移民是英国当前面临的最大问题。”①

不过，在日益去规制化、多中心化、脱嵌的当今世界中，城市生活所具有的这种永恒的二重性——良莠共存的特征——并不是使我们一看到无家可归的新来者就感到不安与害怕，对他们产生敌意、使用暴力，甚至利用和滥用这些移民极度贫困、悲惨无

① www.theguardian.com/commentisfree/2015/dec/11/the-media-needs-to-tell-the-truth-on-migration-not-peddle-myths.

助的景况的唯一动因。我们之所以要如此对待他们，还有两个特别重要的动因。这两个动因是由我们后去规制时代生活与共同居住方式的特殊特征所触发的。这两个动因尽管彼此不同，但都会极大地影响各类人口群体，都会强化我们对移民的愤恨和斗争性，
11 但各自影响的是本地人口中的不同群体。

第一个动因会导致《伊索寓言》（*Aesop's Fables*）中“野兔与青蛙”的故事所描述的那种模式。[1] 这个故事说的是一群野兔被各种食肉动物追杀，最后实在无路可走时的选择。野兔们只要看见有其他动物接近，就会立刻逃跑。有一天，它们看见一群野马惊慌失措地跑过，于是陷入了极度惊恐之中，慌不择路地跑到了一个湖边。由于前方无路可逃，加之它们再也不想继续生活在这种无尽的恐惧之中，于是决定跳湖自尽。但是，当它们向湖里走去时，惊起一群青蛙，青蛙纷纷惊恐地跳入水中。看到这种情况，其中一只野兔说：“呀！原来居然还有动物怕我们野兔，看来事情还没有糟糕到要投水自尽的地步。我们虽然生活在恐惧之中，但也没有必要选择死亡。”这个故事所包含的伦理十分显然，即只要还有他人比自己的命运更糟糕，那么自己就会感到一丝安慰，日常遭受的迫害和苦难以及由此导致的心灰意懒、意志消沉，也会

① 转引自 www.taleswithmorals.com/aesop-fable-the-hares-and-the-frogs.htm。

因此一扫而光。

在人类社会中，很多人也常常会遭遇类似故事中的野兔所遭
遇的困境——“受其他动物迫害，自己处于困境之中”。最近数十 12
年来，这类人的数量在不断上升，势头似乎也不可阻挡。其中主要是难民，他们流浪在异国他乡，生活悲惨，没有尊严和体面，而寄居的国家和社会采取各种方式抛弃他们，同时骄傲地自夸自己史无前例的舒适和富裕。这些“野兔”，习惯性地被“其他人类动物”讥讽、责备、非难，其他人都贬低他们，否认他们有任何价值，因此他们感到被冒犯和压迫；同时，他们因为自己完全无法使自己过上当地人那样的生活，也被自己的良心和道德法庭谴责、嘲笑和羞辱。在这样一个“各人自扫门前雪，哪管他人瓦上霜”成为公认的假定和期待的世界中，人们拒绝接纳、关照和尊重这些人类中的“野兔”。这些人与《伊索寓言》中的“被食肉动物迫害”的野兔一样，被当成“最劣等的那一部分”抛弃和一笔勾销，被恶棍合法地糟蹋，总是没有希望，毫无逃脱的信心和获得拯救的前景。

而对于那些正怀疑自己已经属于社会最底层、已经被抛弃
的本地人来说，发现另一个比他们还要低下的群体，真是一件可 13

以让人灵魂得救的幸事，也挽回了他们做人的一点尊严和仅剩的一点自尊。大量无家可归、不仅在实际生活中也在法律条文上被剥夺了做人之权利的移民的到来，终于为这些本地人创造了难得的机会来实现这一点。这有助于解释，为什么最近大规模移民的到来激起了各种自恋癖、种族主义、民族主义的变种——沙文主义——的日益复兴，为什么自恋癖、种族主义、极端民族主义政党和运动取得了史无前例的成功，以及为什么那些奉行强硬外交政策的领导人在选举中取得了让人震惊的胜利。

在法国，玛丽娜·勒庞（Marine Le Pen）领导的极端右翼组织“国民阵线”，获得了法国社会底层民众的绝大多数的选票。这些低层民众丧失了继承权，受到歧视，赤贫且担心被社会抛弃，而勒庞及其“国民阵线”或明或暗地妄称“法国是法国人的法国”，并以此作为集会的口号，以期获得低层民众的支持和更多的拥趸。[①] 对于那些面临被社会排除在外——尽管（到目前为止）还没有被正式地、官方明文地排除在外——的威胁的人来说，这

① 在法国2015年地区选举第二轮之后，BBC评论说：“玛丽娜·勒庞对于权力的渴望，应该得到限制，但是她的渴望，与法国日益增多的不满者和叛离者的渴望一样强烈。法国的状况得到缓解了吗？它也是你制造的噪声，因为你也遭受打击，有着诸多不满。”当政的社会主义政党不得不从中退出，以阻止“国民阵线”，但出于同样的原因，这却为他们的主要对手、右翼共和党人萨科齐（M. Sarkozy）的胜利铺平了道路（www.bbc.co.uk/ news/ world-europe- 35088276）。但是，“同时，失业率在上升，恐怖主义者在街头上昂首阔步；可怕的暴动起义者的心态在不断扩散”。

种口号极具吸引力。因为民族主义毕竟给他们提供了一艘虚无缥缈的救生艇（一种东山再起的设置？），以挽救他们正在衰落或已经死亡的自尊。在美国南方各州，处于非人状态的黑人——至少 14
在他们看来，他们曾经被赋予的权利现在实际上又被剥夺了——的存在，拯救了那些“垃圾白人”，使其不再感到极端的苦恼、自杀性的自怨自艾，并因此而自夸他们生就了一张白皮肤。作为一个法国人，就要有这样的特性——认为自己的法国同类是高贵、强大、具有美德的上等人，优越于外来的、各形各色的、可悲的异乡人，以及没有地位的新移民（这是唯一可行的选择吗？）。而移民代表的是远远低于本地低层居民的可悲的低下地位，如此低下的地位无法给移民的命运带来丁点亮光，他们的生活仍然十分艰难和困顿。但是，就是这种最最低下的地位，也是移民最向往的。我们还告知移民，他们现在时日不多，以后也是如此，必须滚走；而对于法国本地人而言，不管好坏，至少还有“在家里”的感觉。

大规模的难民和寻找避难所的人的到来之所以招致憎恶，还有另外（即对陌生人的非故意的、“正常”的不信任之外的）一个原因，一个对社会中那些处于危急状态的“朝不保夕者”具有极

15 大吸引力的原因。这些“朝不保夕者”大多是担心失去自己所珍爱的、让人羡慕的成就、财富和社会地位的人，而不是与《伊索寓言》中的野兔相似的人。但是，他们因为正在失去这些东西，或者因为从来就没有机会获得这些东西而陷入绝望。

对于那些不是我们导致的，也不在我们控制之中的大量移民的突然到来，并出现在我们的大街上，我们无法不加以关注。这些人从来没有问过我们的意见，没有人问过我们是不是同意。因此，毫不奇怪的是，不断涌来的新移民潮，就像贝托尔特·布莱希特(Bertolt Brecht)所说的“坏消息的预兆”，让人愤恨。他们是一种秩序崩坏的体现，这种秩序已经失去其整合力（不管我们认为秩序是什么，秩序都是一种事态，在其中，因果关系稳定，因此可以把握和预测，使生活在该秩序中的人可以预知如何行事)。在 1920 年代，曾经出现过一种“三明治人”现象，这些人为了可怜的报酬，前胸后背都挂着商家的广告板，像个夹心饼干，本着“正如我们所知，世界的尽头，就是晚上”的精神，在城市的街头到处晃荡，直到入夜方休。而现在那些移民，是他们的一种新的、“改进的”版
16 本，一种受到更加严苛的对待的版本。乔纳森·卢瑟福（Jonathan Rutherford）刻薄地说，他们“从世界的遥远角落，把坏消息带到

我们的门阶”[1]。在他看来，他们使我们知道、使我们记起那些我们已经忘记、更想远离的东西——某些全球性的、遥远的、偶尔听说但从未目睹的、无形的、模糊的、神秘的、难以想象的力量，这些力量是如此的强大，以致能够无视我们自己的偏好与选择而干涉我们的生活。按其伤害行为的逻辑，这些力量往往让它们的“附带牺牲品”作为开路先锋——现在又在我们中间楔入进攻的钉子。这些游民通过冷酷的命运判决而不是让我们自己选择，愤怒地、狂暴地和极其可怕地提醒我们，我们自己的地位是多么容易受到影响和伤害——甚至是受到不可治愈的伤害，我们千辛万苦获得的幸福安宁，普遍显得非常脆弱。

人类，也许只有人类，往往会因为信使传达的信息内容是可憎的而惩罚信使。就拿移民来说，他们本是源自令人丧气的、不可思议的、让人害怕的和完全招人憎恶的各种全球性因素，我们却（似乎有正当的理由）怀疑是他们导致了我们的存在不确定性感，这种不确定性感使我们恼怒和耻辱，破坏和粉碎我们的信心，蹂躏我们的抱负、梦想和生活计划。而对于那 17
些难以捉摸、无法抑制的全球性因素，我们鞭长莫及，几乎束手无策。它们已经使我们愤怒不已，而我们也唯有继续愤怒。

① Jonathan Rutherford, *After Identity*, Laurence and Wishart, 2007, p.60.

但是，我们至少可以把我们的愤怒转移到它们的产物（在我们身边的以及我们能够涉及的所有地方的）上，从而发泄我们的愤怒。当然，我们并不会试图从根源上解决这个问题，也不会去解决这个问题；但是，我们可以暂时缓解我们的无助感和羞辱感，增强我们的能力，以便在全球化进程中暂时保证我们自己地盘的相对安全和稳定。

那种相互纠缠的逻辑，及其产生的心态和释放的情绪，提供了一片极其肥沃茂盛的绿草地，引诱着众多的追求选票的政客去那里放牧。这是一种机会，越来越多的各国政客不愿意放弃和错过的机会。大家担心，这些陌生人的到来，不仅会进一步拉低资本家原本不再提高的工资和薪金，还会使排队寻找工作的队伍变得更长，而这个队伍本身已经够长了，工作岗位也已经极其稀缺了。利用这种陌生人潮所导致的忧虑来捞取好处，是在位的或渴
18 望在位的政客们很少能够抵挡得住的诱惑。

政客们可能施展各种不同策略，来拥抱这种机会，而且他们确实已经施展了很多策略来实现这一目的。但是，我们必须清楚的是，诸如相互隔离、保持距离、设置深沟高垒、设置具有侮辱性的回音室（echo-chamber）之类的策略（总之是袖手旁观，假

装容忍，却显出自己的冷漠、敷衍；而不是建立沟通的桥梁，设立热线进行无扭曲的信息交流）所导致的结果，只能是相互猜疑、疏远。而采取无视这些挑战的、自欺欺人的、自杀性的策略，可以带来短暂的安慰，但从长期看会使各种矛盾日益积累，并最终轰然爆发。因此，我们可以得出一个相当明确的结论，即避免现在的不适以及将来可怕后果的唯一出路，就是放弃上述危险的隔离策略，而正视当今时代“一个地球、人类一体”的现实挑战，不要只求明哲保身、袖手旁观，更不要树立各种篱笆使自己与这些“恼人的”不同者、自我强加的疏远者分离。我们必须寻找机会与他们进行更密切的接触，建立起更熟悉的关系。这样的路线，19
将使我们与他们实现视域的融合，并产生我们想要的结果，而不会导致人为的、自我恶化的分裂。

然而我完全清楚，这样的路线，并非一种可以带来晴空万里、没有任何麻烦的生活之秘诀，也并非一种我们只需关注而不需任何努力即可实现的任务。相反，它预示着，我们将面对一段漫长的、坎坷的时光。它不可能立即缓解我们的焦虑，甚至在最初还可能引起更多的恐惧，进一步加剧和恶化现有的猜疑和敌意。但是，我认为并不存在一种更安全、风险更少的捷径可以解决这一问题。人类已经处于危机之中，除了团结起来以外，没有走出这一危机的其他出口。人们克服相互疏远所面临的第一个障碍，就是拒绝对话，而拒绝对话往往又源于——同时也会促进——自我疏远、相互离心、熟视无睹，总之，是源于冷漠。可见，边界划分的辩证法似乎需要重新讨论，因为人们之间不仅仅是非爱即恨这种二元对立，相反，人们之间可能存在三种情况：爱、恨以及冷漠或无视。

20 在即将进入 2016 年的时刻[①]，形势仍不明朗。而如果认为当下的形势直白而明了，并把这种看法付诸实践，那么似乎会堆积更多的风险，而不只是导致我们自称能治的小毛病。对于这样的形势，没有任何应对捷径，并且如果我们的解决办法不是经过深思熟虑的，那么这种看法就不能付诸实施，以免使我们共同的家园地球暴露于长期的威胁——比我们现在共同的困局更具灾难性的威胁。我们必须时刻谨记，不管我们做何抉择，这些抉择都会影响我们共同的未来，而我们希望这样的未来更久长。也正是出于这个原因，我们必须接受那些减少而不是扩大各种危险的箴言的指引。彼此冷漠相对，显然无法通过这次考验。

我在第四章将再次讨论这一问题，并重提、讨论和创新康德

① 本书写于 2015 年。——译者注

(Immanuel Kant) 关于这个问题的主张。这个问题实际上是一个老问题，已经有两百多年了。

这里，我想先引用教皇弗朗西斯（Francis）的一段话，其中包含着另一种讯息。在我看来，很少有公众人物提醒我们警惕跟随钉死耶稣的古代罗马犹太总督本丢·彼拉多(Pontius Pilate)的立场的危险——他的立场就是“我死之后，哪管洪水滔天”，让我们别管当前的考验和磨难的后果。而我们每个人现在都处于这样的考验与磨难之中，并且在不同程度上或多或少都既是它的牺牲品又是它的施加者。但是，教皇弗朗西斯就是这些为数极少的做出提醒的公众人物中的一位。2013 年 7 月 8 日，他访问了地中海的兰佩杜萨岛（Lampedusa）——现在的“道德恐慌”和持续不断的道德崩溃的肇始之地——并就冷漠之罪恶，做了如下发言：

> 太多的人，包括我自己，都乱了方寸，举止失当；我们不再关注我们所生活的世界；我们就是不关注；我们就是不保卫上帝为我们每个人创造的那些事物，我们最后甚至不能彼此关注！而如果作为一个整体的人类乱了方寸，那么结果将是我们已经见证过的那些悲剧……我们需要问的问题是：谁应为我们这些兄弟姐

妹的流血负责？没有人！我们的答案是：不是我，我与此毫无干系。一定是别人，绝对不是我。在今天的世界中，我们没有了个人责任感。我们已经对于我们的兄弟姐妹失去了责任感。……只求个人安逸舒适的文化，使我们只顾我们自己，使我们对他人的痛苦呐喊麻木不仁，使我们生活在肥皂泡中。但这种肥皂泡无论多么漂亮，都是虚幻的；它们提供一种短暂的、空洞的幻象，导
22 致我们对他人冷漠；是的，它甚至导致冷漠的全球化。在这种全球化世界中，我们已经陷入全球化的冷漠状态。我们已经日益习惯于对他人的苦难熟视无睹：它不会影响我，它与我无关，那不关我的事！

教皇弗朗西斯号召我们，消除那潜伏在我们心底的希律王(Herod，即残酷)；让我们向上帝讨回高雅，来扫除我们的冷漠，扫除这个世界中的残酷，也扫除我们心中的冷漠，扫除那些匿名的社会和经济决策者的残酷，而直面这种悲惨情形。在演讲中，他问道："每个人都已经扫除了自己心中的冷漠吗？今天世界上的每个人都已经扫除了自己心中的冷漠吗？"

第二章

“安全化”的不安全

第二章　“安全化”的不安全

《牛津英语简明辞典》把“安全”(security) 定义为“一种 23
免于危险的状态”，以及“导致安全的事物；一种保护，保卫，防
卫”。这使得“安全”成为不同寻常的术语之一（然而，也并非真
的不同寻常），即这一术语假定/暗示/表明/意味着把安全状
态与保证获得这种安全状态的手段联系起来的一种有机的（并因
此是一经确立就不再改变的）选择性亲和。这一不同寻常的术语
所指涉的“状态”，绝大多数人无疑都极其欣赏和向往；公众认可 24
的、我们提起“安全”时一下子会想到的那些安全保卫者或提供
者，离公众对这种“状态”的要求实在差得太远太远。但这些安
全手段，却沐浴在这种“状态”的荣光之中，并因此共享不容置
疑的合意性，成为公众所需要的事物。一旦安全状态得到实现，
那么人们往往会自动地遵从一种完全可预测的行为模式。你会感
到不安全吗？如果感到不安全，那么你会需要与渴求更多的公共
安全服务来保卫你自己。人们认为，购买更多的安全手段，可以

扭转危险。或者，把你推举到高级职位上的人，会抱怨没有感到足够安全吗？如果是，你会雇佣／委派更多的安全人员，允许他们更加自由地采取他们认为有必要的行动，并对你所做的一切广而告之。然而，这些安全人员所选择的行动，最后被证明往往反而让人大倒胃口，十分令人讨厌和可憎。

最近在公众话语中出现了一个以前并不为人所知，目前出版的词典中也未收录的术语——“安全化”（securitization）。这个术语被杜撰出来后，迅速得到政治家和媒体人的采用。它试图强调的是，先前被认为属于其他范畴的某种现象，现在通常会被
25 重新划入“不安全”的范畴。而这将导致那种现象被自动纳入安全机构的监管。当然，这种安全化并非是自动的，这个术语存在的模糊性，无疑才是使安全化的实践更加容易的原因。条件反射往往不需要苦口婆心的劝说和反复的重申，就能够自动地进行，正如海德格尔（Martin Heidegger）所说的没有自我的“庸众”（das Man）或萨特（Jean-Paul Sartre）所说的“真诚自欺”（l'on，“事情就是这么完成的，难道不是吗？大家怎么做，我就怎么做”）的权威（authority），导致它们是如此的显然和不证自明，以至于不值得特别注意，也无须质疑。条件反射本身会安全

地、无反思性地与逻辑的探照灯保持安全的距离。这就是政治家乐意借助“安全化”这一术语的模糊性的原因，这一术语使他们的任务变得更加容易完成，确保他们的活动即使不能取得许诺的结果，也会先验地获得民众的赞同。这一术语有助于政客们让其选民相信，他们会严肃地对待、接受选民的抱怨，并将在自己的任期上迅速采取行动来因应那些抱怨，完成自己的任期。

至于相关的例子，我们可从最近出版的报纸头条新闻中信手拈来。在那个晚上巴黎发生恐怖袭击后，美国《赫芬顿邮报》 26
(*Huffington Post*) 做了如下报道：

> 在周五晚上巴黎发生系列恐怖袭击之后，法国总统奥朗德说，将宣布整个法国进入紧急状态，将关闭全国边境……奥朗德在一个简短的电视讲话中说：“真是太恐怖了。”在召开了一次内阁会议之后，他说：“……将宣布一种紧急状态。第二个措施就是关闭边境。我们必须确保没有一个人能进来从事这种犯罪活动。同时，必须确保那些已经犯罪之人，在试图离开边境时被抓捕。”[1]

---

① www.huffingtonpost.com/entry/hollande-attacks-borders-curfew_56467d29e4bo45bf3def3699.

《金融时报》（*Financial Times*）也同样报道了这位总统的反应，但标题是“奥朗德的后巴黎权力攫夺”——一个避免打草惊蛇的标题。“奥朗德总统宣布，在11月3日恐袭之后，立即进入全国紧急状态。它允许警察无须征得同意就可以破门而入、搜查房间，允许警察驱散集会和会议，强制宵禁。这个命令还为把军
27 队布置到法国的大街小巷扫清了道路。”[①]武装警察一拥而入驱散集会，在未事先征得居民同意的情况下破门而入搜查民宅，大白天士兵在街道上巡逻，以及类似的情景，都给人们一种强烈的印象，即政府的办法就是决定全力以赴干到底，直捣“麻烦之心脏”，消除那些折磨公民（其服务对象）的不安全问题，缓解和分散他们的痛苦。

罗伯特·默顿曾经对“显”功能与“潜”功能做过划分。那么，上述情景的“显”功能，就是彰显政府的坚定决心、意图以及相应的办法。然而，这些情景的“潜”功能却恰恰完全相反，即使“安全化”过程得到顺利进行，这种安全化过程也会使人们面临大量经济与社会问题，导致更加不安全的氛围，使人们更加担心。这些令人头痛的问题与担心，又源于当下生存状况的脆弱和分裂性质。上面提及的那些情景，最后一定会导致法国陷入紧

① http://foreignpolicy.com/2015/11/20/hollandes-post-paris-power-grab.

急状态的气氛、敌人已经打到家门口的气氛，以及阴谋、密谋已经包围我们的气氛；简言之，必然导致一种我们的家国都面临致命危险的氛围。它们必然使人们迷信政府的神盾（唯一而不可替 *28*
代？）会发挥“天堂”的作用，可以防止分处“天堂”与“地狱”的人相互造访，从而避免可怕的灾难。

这些情景的显功能即彰显政府决心的功能，是否已成功实现，目前还不好说。然而，这些情景本身已宣告其潜功能得到了完全的实现。这一点是完全可以肯定的。国家的领导人，在民众面前大秀他的（及其操控的安全机构的）肌肉，其影响立竿见影。现任总统超越职权并攫取前所未有的权力的速度有多快，这种影响到来的速度就有多快。在此之前，民意测验表明，奥朗德是法国二战后最不受欢迎的总统。但大概两个星期之后，娜塔莉·伊尔斯莱（Natalie Ilsley）报道了那些影响，简直超乎人们的想象，其标题是“在巴黎恐袭之后，奥朗德的受欢迎程度和支持率飙升到三年以来的最高水平”。其文如下：

> 周二的民意测验显示，12 月总统的信任指数史无前例地上升了 20%，达到 35%，自 2012 年以来人们还是首次看到这么高的水平。据法国《费加罗报》（*Le Figaro*）报道，特恩斯市场研究公

> 29 司 (TNS Sofres) 进行的民意测验显示，35% 的法国人说他们信任奥朗德能够妥善处理 ISIS 声称负责的军事攻击所造成的余波，而 8 月他的信任指数只有 13%……周二由伊弗普机构 (Ifop-Fiducial) 在《巴黎竞赛报》(*Paris Match*) 周刊和一家电台 (Sue Radio) 发布的另一项关于法国总统信任度的民意测验也显示，奥朗德的支持率正在急剧攀升。该机构调查了 983 位法国公民，发现奥朗德的支持率从 11 月的 28% 飞升到 12 月的 50%。[1]

广泛散布的生存性（existential）不安全，是一个不争的严酷事实。我们社会的真正祸根，就是在政治领导人巧舌如簧的鼓吹下，自负而积极地促进劳动力市场去规制化、工作“灵活化和柔性化”。其结果臭名昭著，普遍导致了人们的社会立足点日益脆弱，社会认可的身份日益不稳定，“朝不保夕族”（precariat）的队伍迅速壮大。“朝不保夕族”是一种新的人口类型，他们犹如站在流沙之上，被迫不断移动。与通常的看法相反的是，这种不安全不仅仅是追求选票的政客们的产物，或者散布恐慌以从中获益
30 的媒体的产物。然而，这种真实的、千真万确的不安全，已经成为越来越多的人生存状况的一部分。而对于政客们来说，这样的人确实多多益善。这种脆弱性，如今正在被转化成统治术的一种

[1] http://europe.newsweek.com/after-paris-hollandes-popularity-soars-highest-level-three-years-400299?rm=eu.

重要的，甚至也许是极为重要的素材，并确定了统治术的风格。

各国政府并不关心如何缓解它们的公民的焦虑。相反，它们更关心的是强化这种源于未来不确定性的焦虑，以及不安全的经常性与无处不在的焦虑感。因为那种不安全已成为各国政客们展示他们的肌肉、使自已在新闻媒体面前充分亮相的机会。而这些愚蠢无能的统治者实际上根本无法消除那些不安全的根源，反而把它们深深地掩藏起来。我们只能认为，“安全化”只不过是魔法师的一种鬼把戏，把人们的焦虑和关注焦点从政府无法（或不愿意、不积极）应对的那些问题，转移到人们——在日常生活中和在无数电视屏幕上——看到的，政府会急切地，有时会成功地处理和解决的问题上来。前一类问题关系到人们实现安全生存的首要因素，即高质量的工作岗位的可获得性、社会立足点的可依赖性和稳定性，以及有效地保护以使社会不致退化堕落，确保人们 31
有尊严地生活。但是，所有那些关系到人们的安全和福祉的关键因素，包括政府曾经许诺的充分就业、全面的社会安全等等，现在政府都已无法保证，更别说提供了。而后一类问题，只不过表明在对抗那些阴谋伤害平民百姓身体安全及其所珍爱的一切的恐怖主义的战斗中，政府能够轻易地抓住和牢牢地控制第一把交椅，发挥关键性的领导作用，而其根本原因又在于这为政府得到和维持其权力、巩固其合法性基础提供了机会，以及只不过是政客们为笼络选票而长期努力所导致的结果。但是，这一战斗的最终胜利，仍然遥遥无期（我们甚至完全可以质疑其最终会取得胜利）。

匈牙利总理维克托·欧尔班（Viktor Orbán）有句简短易记的名言：“所有的恐怖主义者都是移民。”这句名言为政府有效地进行生存之战，提供了一个广受欢迎的办法。而这一办法之所以广受欢迎，是因为它隐含和包藏着恐怖主义者与移民之间完全对应、互为因果的看法，并因此把二者如此联系甚至完全等同起来。这种看法实在是藐视逻辑，但盲从并不需要逻辑来转化、洗脑和
32 奴役、束缚思想；相反，在迷失于超越逻辑的盲从时，这种看法获得了显赫一时的力量。对于那些希望履行其严肃偏爱的和持续努力的“生存理性”、反对一切异端的政府来说，这句名言听起来就像是终于驶出重重迷雾的运奴船的号角声，而奴隶为了生存而拼命寻找的地平线，一直被遮盖和封闭在这种迷雾中。

对于这句名言的作者而言，收获是即时的；但被投在欧尔班所说的那些地方的金钱，只不过限于塞尔维亚边界 176 千米长和 4 米高的篱笆内。在 2015 年 12 月中旬的一项关于高压发生器

（HVG）的民意测验中，当匈牙利受访者被问到在听到“恐怖”一词时他们首先想到的是什么时，较多人（23%）的回答是恐怖主义，而不是测验问卷中所列举的疾病、犯罪和贫困。可见，他们的安全感总体上出现了明显的下降：

> 该问卷包含了一个量表，列举了一系列陈述，请受访者回答关于这些陈述的感觉，每个陈述的分值为0~100分，越是认同，分值就越高。结果是：“移民导致本地人的健康风险”，均值为77分；“移民实际上大大增加了恐怖袭击的风险”，均值为77分；“非法越境者必须被抓捕入狱”，均值为69分；而“移民对匈牙利 *33*
> 可能带来好的影响，因为他们可以缓解这个国家的人口问题，增加国家的劳动力”这一陈述，却没有引起多大的认同，均值仅为24分。[1]

意料之中的是，欧尔班的篱笆策略后来事实上十分流行。在2015年9月，只有68%的受访者赞同，而在仅仅3个月之后，“87%的匈牙利人都站在了欧尔班的后面，支持他解决移民问题的

① http://hungarianspectrum.org/2015/12/18/hungarians-fear-of-migrants-and-terrorism.

方案”——更明确地说，就是通过代理人来解决“不安全”这一徘徊不去的幽灵的方案。正如《纽约时报》(*New York Times*) 专栏作家罗杰·柯亨 (Roger Cohen) 准确而精练地指出的 (在不同的背景下)：“巨大的谎言，会导致巨大的恐惧，而这种恐惧又会导致人们对巨大的强人的巨大渴望。”①

我们似乎可以冒险猜测，如果总是专注于一种有形的、可见的、可触及的敌对者，恐惧就会变得越来越强烈；而如果我们不知道威胁的根源，或者恐惧的对象是分散的、零散的和飘忽不定的，我们的恐惧就不会越来越强烈，相反，后一种恐惧甚至有可能成为一种让人满意的经验。也就是说，一旦我们断定有一种任务要我们去完成，并且我们能够完成这一任务，那么只要我们夸大这种任务的重要性，不管我们愿意不愿意，都会从我们将要完成的任务中获得一种既得利益，并因此通过代理人从我们可能遇
34 到的抵抗力量中获得一种既得利益。我们的任务越是显得艰险，我们就越可能感到骄傲，得到的夸奖和奉承就越多；敌人显得越强大，越诡计多端，敢于对它宣战的那些英雄的地位就越高。因此，匈牙利受访者绝大多数赞同“在大规模移民背后，存在某种

① www.nytimes.com/2015/12/31/opinion/americas-bountifulchurn.html?emc=edit_th_20151231&nl=todaysheadlines&nlid=43773237&_r=0.

向外推动的力量”的陈述，并非巧合。

正如卡尔·施密特(Carl Schmitt)在《政治神学》(*Political Theology*）一书中指出的，通过号召全民族武装反抗一个共同认定的敌人，狂热追逐选票的政客们可以获得一种额外的优势，即这种号召定将激发全民族的自尊，而号召者也会因此获得整个国家的感激——至少可以获得因社会地位受损而愤怒感强烈的人，以及对生活前景感到迷茫的人的感激，而这样的人现在越来越多，恐怕将来也会越来越多。所有这些人都威胁要紧急撤回对于政客的公共认可并因此要放弃对他们的尊敬，出于这种原因，政客们都渴望对个人地位和尊严的损失进行某些补偿，尽管这种补偿由于具有一般的而非个人的特征，只具有一种低劣的价值。 *35*

最后，“安全化”策略有助于预先抑制我们——“旁观者”——在面对这种策略的承受对象时产生内疚感；这种策略导致我们在移民问题上非道德化（adiaphorization)，也就是说，使我们以及我们针对移民的行为免于道德评价。一旦公共舆论认为应把移民划入恐怖主义者的范畴，移民就会逐渐发现自己不在东道国及当地人的道德责任范围之内，特别是不在当地人的同情和关照的范围之内。的确，如果接受了这种“安全化策略”的训练，很多人就会逐渐乐于卸下对那些悲惨者的命运的责任，以及道德和义务压力，否则内心不可避免会因为对这些命运可悲的人袖手旁观而遭受折磨。对于这种道德松绑，不管是有意识的还是无意识的，许多人都会表示感激。那么，他们会感激谁呢？显然，他们会感激那些炫耀武力、发出豪言壮语的政客们。

正如克里斯托弗·卡特拉姆博恩（Christopher Catrambone）在《卫报》上指出的：

> 巴黎恐袭之后，扰乱社会民心的政治谣言四处扩散，而所有这一切，都使我们开始把那些人（难民）置于风险之中。那些为了逃避恐怖主义而从海上逃难的人们所经历的人间悲剧，正在被刻薄的起诉和谴责、深沟高垒的修建，以及“这些难民要来杀死我们”的
> 36 恐惧所掩盖和抹杀。但是，其中绝大多数难民只不过是想要躲避中东发生的战争。而即使身陷欧洲人的愤怒与把他们逐出祖国的暴力的夹缝当中，他们仍然勇敢地面对日趋凶险的汪洋大海。[①]

卡特拉姆博恩并非一个扰乱社会民心、散布谣言的人；作

① www.theguardian.com/commentisfree/2015/dec/14/europe-refugees-syrians-terror-moas.

为一个海上移民援助组织（Migrant Offshore Aid Station，MOAS）的成员，他比我们大多数人更清楚，这些移民在日益寻求“安全化”的接受国会面临什么样的命运。据该组织下辖的搜寻与营救慈善组织所编写的统计资料，“那些逃避战争、贫困、迫害的难民，包括男人、女人和小孩，在海上溺水而死的情况每天都在发生。自 2014 年 8 月以来，海上移民援助组织已从水中救起了将近 12 000 人”。卡特拉姆博恩警告并呼吁：

> 欧盟预测，到 2017 年，将有 300 万难民和移民抵达欧盟本土。这将产生一种积极的影响，即刺激经济的发展。而说到底，这正是那些人正在涌入、将来会继续涌入欧洲而无法阻挡的原因。他们所寻求的，与我们所有人想要的一样，就是那些更好的事物。实际上，他们会促进而不是阻碍和破坏我们的经济。是的，开始的时候是艰苦的，但他们正在成为欧洲未来的一部分，而不管我们喜欢与否。

按此顺序，我们还可以进行更多更深入的讨论。除了在道德上无情而可憎、盲目地进行社会排斥，在很大程度上毫无根据以及常常故意进行误导以外，“安全化”策略还可能被那些真正的恐怖主义者——不同于那些被错误推定和控诉的人——利用，来为自己招兵买马、壮大队伍。总部设在纽约的情报咨询机构苏凡（Soufan）集团最近的一项研究发现，达伊沙（Daesh）[①]从欧盟本土招纳的恐怖主义战斗人员大概有 5 000 人，这与社会平台(Social Platform)的皮埃尔·鲍尚德(Pierre Baussand)所报告的一致。[②]那些参加巴黎恐怖袭击的人，只有两个不是欧洲本土居民。他们都是年轻人，曾逃出欧洲去接受恐怖主义训练，然后又回到欧洲。他们到底是些什么样的人？鲍尚德对此进行了深入的研究，并得出了准确的答案：

> 那些投入达伊沙怀抱的西方人，大多来自下层阶层和弱势群体。美国民间独立研究机构皮尤（Pew）研究中心最近发现：“欧洲各国近年来出现的经济问题，主要影响的是‘千禧一代’（指1984—1995 年出生的年轻人）……面对这种挑战，这些欧洲年轻人
> 38 常常认为自己是命运的牺牲品。”如此广泛存在的社会剥夺，在某种程度上可以解释达伊沙灌输给支持者的重要感和控制感为什么具

① 即恐怖主义者所谓的“伊斯兰国”，为了尊重和区别于传统的伊斯兰文明（如古代埃及就自称 ISIS），美国建议改称达伊沙。——译者注

② www.euractiv.com/sections/global-europe/best-weapons-against-terrorism-320551.

有如此强大的诱惑力。

把“移民问题”等同于国家与个人安全问题，使前一问题从属于后一问题，并因此最终把前一问题简化还原为后一问题，的确有助于“基地”组织、达伊沙及其各种分支机构和追随者实现如下三个相互交织的目的。

第一个目的，就是遵循一种“自我实现的预言”的逻辑，在欧洲激起反伊斯兰情感，借助欧洲本地人的“帮助”，使移入国的青年穆斯林觉得自己被本地民众仇恨、敌视以及歧视，从而人为制造两者之间的鸿沟（深渊？）。这种鸿沟持续存在、难以桥接和跨越，把移民与移入国彻底分割开来。而出于同样的原因，这种 39
鸿沟还使既有的矛盾、误解、争论、混战等等，更容易延伸和演变为互不妥协的两种生活方式之间的相互对抗，导致彼此都认为自己的信仰才是唯一正确的，而对方的只不过是各种虚假信条的拼凑，并欲除之而后快。当前法国大约居住着 100 万青年穆斯林，但法国警方和安全部门经过艰苦努力，发现其中大约只有 1 000 人存在与恐怖主义者有牵连的嫌疑。尽管如此，但是在法国公共舆论中，所有穆斯林，特别是其中的青年，都是有罪推定的嫌疑犯，即他们在犯罪判决之前都被推定为有罪之人，都是嫌疑犯，并因此承担其同一信仰者的共同罪过与堕落。最后，这些青年穆斯林逐渐成为本地公众发泄其恐惧和愤怒的出气筒，人们根本不管他们本人的目的和意图、他们所选择的价值观到底是什么，更不管他们如何一心积极努力争取成为真正的法国人，而不仅仅是一个持有法国护照的、形式上的法国人。

与之紧密相关的第二个目的，则是遵循“（青年穆斯林的生活
40 状况和社会地位）越糟糕，恐怖主义的事业就越好”，族群之间或不同宗教信仰者之间的跨文化交流互动的前景就越遥不可期、不可想象的原则，预先排除或至少是最大限度地减少移民与接受国之间进行面对面的对话，并最终相互理解的机会，彻底消除移民被吸收和整合进其所尊崇的移入国的可能性。消除这种可能性，可以进一步颠覆年青一代移民据以权衡各种可以设想的生活选择的吸引力和排斥力的尺度，从而促进他们参与对异教徒的讨伐。

第三个目的，就是充分利用污名化（stigma）的内在机制[戈夫曼在同名著作《污名化》（*Stigma*）中对此进行了详尽的分析[1]]，来促进前两个目的的实现。《韦氏词典》（*Merriam-Webster*

[1] 参见 Erving Goffman，*Stigma: Notes on the Management of Spoiled Identity*, Penguin Books，1968，特别是第一章“污名与社会身份”。

Dictionary）把“污名化”定义为“社会或群体对某些人或物的消极的，常常是不公正的看法”，或者“打上羞耻或名声败坏的标签”。换言之，污名化即某个人或某类人被假定有难以根除的 41
坏特征，如古怪、失常、奇异等变态特征，而具有这些特征的人与“我们”这些“正常人”不同。戈夫曼认为，所谓的正常人，“就是我们，以及那些不会消极地偏离有争议的特定预期的他人”(p.15)。我们——“正常人”——习惯于用我们自己的特征（真正的或推定的特征）作为尺度，来衡量他人的人格，并认为“具有某种污名的人不是真正的人”。这样做的直接结果，就是那些被打上“非正常人”标签者，完全不再被社会认可，受到强烈的疏远。被污名化的人，会被他们长期渴望加入其中的群体排斥、驱逐和摒弃。他们在内心里仍然渴望成为群体中的一员，但是他们总是被这些群体排斥，被各种障碍挡在群体之外而不能回来。另外，污名化还会造成对被污名化者的伤害，使他们被迫承认和接受公众关于他们有某种缺陷的判定，并因此处于不利的低下地位。他们渴望进入的目标群体认为，他们的失败是自我造成的，而且非常严重，以致他们完全是寄生虫，所以不能给予他们入境签证。

因此，对被那些借助公意贴污名者所污名化的人来说，会产 42

生两个后果。第一个后果就是，那些被污名化的人（或共有某个群体所谓共同缺陷的人），自尊会遭受令人痛苦的打击，并遭受各种羞辱，进而导致无法忍受的自我贬低、自我轻蔑。并且，如果这些被污名化的人接受“更大社会”的判词，那么他们最终会意志消沉，完全失去能力。第二个后果则与第一个后果明显对立，就是一种反动，使他们认为污名化是一种毫无理由的伤害，是对他们的莫名冒犯，因此号召进行报复，为这种报复辩护，甚至足够强大到推翻或有效地废除“更大社会”的判词，拿回被夺走的自尊，并迟早会选择推翻“更大社会”所声称和实践的、把人分为三六九等的价值观。

被污名化的人，也许还有第三种反应，即一种中度的和混合性的反应。戈夫曼认为，这样的人很清楚他“达不到我们对他的要求”且不为所动，但是同时“他会因为被我们疏远而感到屈辱，却坚信自己的身份而自我保护，最终他会觉得他自己才是一个完
43 全的、正常的人，而我们则不是真正的人”（p.17）。不过，我想补充的是，确证某人自己的“正常性”，并非单凭个人的努力就能实现。要真正“令人信服”某人自己是一个正常的人，驱散对他的莫须有的怀疑，往往需要一个群体的确认；而任何群体都不宜

借助权力来实现这一点，只有由群体中的重要他人来确认，才能使之“被确信是安全的”，且不受“更大社会”的意见和行动的影响。那么，遵循上述第三种反应模式的人，自然会疯狂寻求一个满足那些标准的群体，而且这些群体还要愿意认可他们，保证集体保卫他们所主张的上流地位。而那些恐怖主义学校、恐怖主义训练营的招募者，正在高兴地伸出他们的双手，急切地张开双臂，欢迎那些寻求者的到来。

我认为，当前越来越多的国家和政府日益推崇把“移民问题”，以及是接纳还是拒绝难民和避难所寻求者的问题“安全化”的倾向，日益接受由大量舆论塑造媒体所促成的“有罪推定”的立场。正是这种倾向，导致了上述不利的甚至致命的多重潜在后果；而这种立场也来自高层，如美国国土安全部部长杰·约翰逊 44
(Jeh Johnson) 说：“关于申请者是否会带来安全风险的证据责任，属于申请者个人而不是美国政府。在联合国确定定居候选人之后，这些人还必须自证是否具有申请资格和权利。”[1]这种“安全狂”只关注难民悲剧的牺牲者而不关注其悲剧命运的全球根源，而越来越多的政府都官方地、正式地促进了这种“安全狂”

① www.gettyimages.co.uk/detail/news-photo/department-of-homeland-security-chief-jeh-johnson-speaks-at-news-photo/502828982.

的泛滥。幸运的是，就是在这样的西方大背景内部，仍然有人发出了不同的声音。英国前外交大臣、国际救援委员会现任首脑大卫·米利班德（David Miliband）通过《卫报》发出了如下警告，值得我们一读和深思：

> 英、美这两个西方国家关于叙利亚人大量逃离本国而进入其他国家和地区的争论，日益具有敌对的色彩，对全球治理产生了重大威胁。美国在难民安置方面应有所作为，要对得起它作为世界领袖的名声；而对于缓解这次危机，英国政府所做的贡献“微乎其微”。
> 45 如果美国专门针对穆斯林关闭其边境，那么会向伊斯兰世界，同时也向欧洲传达一个巨大的信号，有可能引起一种涟漪效应，导致西方各国纷纷关闭其边境，这将导致十分严重的后果。[1]

鲍尚德也警告说：“我们的领导人不要陷入诸如极端右翼组织的反动的、误导性的民粹主义修辞，不要把所有移民都等同于恐怖主义者；相反，我们的领导人必须……放弃‘我们与他们’的二分立场，防止恐伊斯兰情绪的泛滥。否则，就正中达伊沙的下

---

① www.theguardian.com/world/2015/dec/25/david-miliband-interview-syrian-refugees-us-uk.

怀，其正是利用这类叙事作为招募新成员的手段。”我们需要牢记：“社会排斥是促使欧洲的青年穆斯林成为激进极端主义者的主要原因之一。”我们也必须时刻记住卢森堡首相让-克洛德·容克（Jean-Claude Juncker）的话：“组织那些恐怖袭击的人，犯下那些恐怖罪行的人，都是正在逃走的难民，而不是正在逃来的难民。”鲍尚德还得出了如下著名的结论：

> 我们不应质疑穆斯林社群对于消除极端主义的重要作用。但是，只有作为一个整体的社会，才能够很好地处理针对我们的一切共同的威胁……西方人能够运用的最有力的反恐武器，并非向叙利亚和伊拉克境内的达伊沙发动战争，而是在我们自己的跑马 46
> 场上进行社会投资，促进社会包容和整合。[1]

我以为，这是一个要求我们时时刻刻保持高度的注意力，以及采取紧急而坚定的行动的结论。

① www.euractiv.com/sections/global-europe/best-weapons-against-terrorism-320551.

第三章

求助政治强人

第三章　求助政治强人

一个幽灵，强人的幽灵，正在民主的土地上徘徊。正如美国著 47
名政治学家罗伯特·赖希（Robert Reich）在《唐纳德·特朗普与焦虑阶级的反叛》[1]一文中所指出的，那个幽灵（可能有着特朗普的打扮，但更可能穿着地方的，特别是民族和国家的形形色色的服饰），因为笼罩“伟大的美国中产阶级”的焦虑（以爱与美之女神从爱琴海那多泡的潮汐中突然出现的同样方式）而出生，现在又因这个阶级面临“沦落为贫穷者”的“极度”可能性而得到滋润：

> 现在三分之二的美国人是无奈地每月依靠工资生存的月光族。
> 大多数人随时可能失去工作，其中很多是新型的、即时定制式地按 48
> 需雇佣的劳动力的一部分，无论何时也无论工资如何，他们都愿意被雇佣。还有，他们如果不能按时支付房租或抵押贷款，以及日杂或水电气费用，就会失去落脚之处。

① 参见 www.socialeurope.eu/2015/12/the-revolt-of-the-anxious-class。

可以说，这“三分之二的美国人”，如今正不得不航行在一片与《马太福音》中的加利利海（Galilee）同样狂暴、横风肆虐的海洋中。根据《马太福音》，在水上航行是一件需要保持信心之事，但是赖希笔下的“焦虑阶级”能把他们的信心投给谁呢？赖希说：“安全保障网到处是漏洞，失去工作的大多数人，甚至没有资格购买失业保险。政府不会保护他们的工作不被亚洲人分包，或不被本国的非法劳工夺走。”马丁·纪伦（Martin Gilens）和本杰明·佩奇（Benjamin Page）对美国国会 1 799 个决议案进行过研究，赖希引用了他们所得出的结论——“普通美国大众的偏好，对公共政策似乎只有非常微小的、统计上毫无显著性的影响”。因此，毫不奇怪的是，曾经“伟大的”、现在焦虑不安的美国中产阶级越来越认为：“美国政府完全不能给他们带来丝毫的
49 好处。它现在只为那些‘大家伙’和‘有钱有势的人’服务。”因此，同样毫不奇怪的是，“他们毫不犹豫地支持许诺保护他们不受各类骚乱伤害的政治强人，许诺防止工作岗位转移到海外的政治强人，许诺猛然关闭华尔街、苛刻对待中国并赶走非法来到这里的人的政治强人。一个使美国重新变得伟大的铁腕政治强人——真的意味着使普通劳工大众重新安全起来”。

赖希指出，相信强人无所不能，无异于“白日做梦”；而特朗普之所以获得这样的信任，是因为他实施了一种“魔法师的鬼把戏”。赖希对二者的拒斥，当然是正确的。同样，这个“焦虑阶级”围绕某个魔法师——他诡异地使他们做他所编织的白日梦——重新集合在一起，并非是不可避免的。美国天普大学（Temple University）政治学教授约瑟夫·M. 施瓦兹（Joseph M. Schwartz）最近提出了如下问题：“向下流动的白人中产工人阶级，是会支持和拥护天性论者（nativist）、种族主义者特朗普和茶党的政治理论（其编造了‘现在的游戏被某些人操纵，用来支持不值得同情的有色贫困人种’的神话），还是会发起对造成工人阶级共同体灾难的公司精英的控诉？”[①]这些问题的答案，早已确定。正如施 50
瓦兹所指出的，就在 2015 年参议员伯尼·桑德斯（Bernie Sanders）在乔治敦大学（Georgetown University）进行关于民主社会主义的演讲[②]之前不久，《纽约时报》和哥伦比亚广播公司新闻网的一项

① 参见 http://inthesetimes.com/article/18678/bringing-socialism-back-how-bernie-sanders-is-reviving-an-american-tradition。

② 这场演讲的目的主要是为民主党提名即将到来的总统大选候选人，拉民主社会主义的选票。正如《纽约时报》的报道：“桑德斯先生周四下午在乔治敦大学的演讲中，主张财富重新分配是美国社会契约的核心，从而试图把他自己与马丁·路德·金和富兰克林·罗斯福的政治遗产联系起来。他所获得的赞同度，应该说还是令人小有惊讶：桑德斯的支持者中，有 69% 的人以一种肯定的眼光看待社会主义，而只有 21% 的人持否定态度。甚至那些支持希拉里·克林顿作为民主党总统候选提名者的人，都有 52% 赞同社会主义，而只有 32% 的人持否定态度。”（www.nytimes.com/politics/first-draft/2015/11/20/poll-watch-democrats-even-clinton-supporters-warm-to-socialism/?_r=0）

调查发现，把选票投给民主党的人，有 56% 对社会主义有好感，而只有 29% 的人对社会主义有恶感。这使我们可以推论："大多数受访者把资本主义与不平等、大学生巨额债务、死气沉沉的劳动力市场联系起来；在他们看来，社会主义是一个更加平等和公正的社会。"从当前的"焦虑阶级"[或者盖伊 · 史坦丁（Guy Standing）所说的大西洋两岸快速膨胀的"朝不保夕族"]的困境中，我们可以引出一个以上的策略选择。其中一个策略选择是依赖和指靠铁腕强人；另一个则相反，就是依赖强大的人民。

然而，从目前的形势看，由于一系列的原因，这两种策略被
51 选择的概率，似乎极不相同。在提出"复调理论"的俄国伟大哲学家、文学评论家米哈伊尔 · 巴赫金（Mikhail Bakhtin）看来，所有的世俗权力，都通过把人类天生的和地方性的"宇宙恐惧"（cosmic fear），改造（remould）为经过设计的、人为的"官方（official）恐惧"而存在和繁荣。所谓"宇宙恐惧"——

> 即面对无比巨大和无比强大的事物时的恐惧，面对布满繁星的天空、巍峨的群山、磅礴的海洋时的恐惧，以及面对古代神话、世界观、想象系统、语言本身以及与之关系密切的各种思想中的

> 广泛剧变和根本灾难时的恐惧……这种宇宙恐惧，严格意义上说基本上并不是对什么神秘事物的恐惧（只不过是面对物质的巨大体积和无穷力量时的一种恐惧），却被所有宗教系统用来压制个人及其意识。①

这种改造显然是为权力者的既得利益服务；但是，如果这种改造不同时采取步骤以稍微缓解那些几乎不能承受的恐惧，使芸芸众生勉强可以活下去，那么就不会起到这样的作用。通过“把这种无限性和无时间性”下降到人的有限的心智和实际能力的层次，这种改造可以实现这一点。我在《寻找政治》（*In Search of Politics*）一书中，对巴赫金的观点进行了评论。他认为宇宙恐惧是“世俗权力的原型，而世俗权力把其原型改造为官方恐惧，这 *52*
种官方恐惧完全不会改造人类的权力，它是人造的，却超越了人类能力能够抵制的程度”：

> 与其宇宙恐惧原型不同，这种官方恐惧，必然是并且确实也是人造的，也就是说是人为设计的，“是量身定制的”……在摩西

① 转引自 Ken Hirschkop，“Fear and Democracy：an Essay on Bakhtin's Theory of Carnival”，*Associations*，1997，1，209-304，摘自 Bakhtin's *Rabelais and His World*，MIT Press，1968。

> 为以色列人制定的法律中，雷电之回声在西奈山巅震荡轰鸣。但是这些法律白纸黑字明文指出，什么是雷电最终不能穿透的东西，它使得雷电阴暗、困窘和恐惧。这些法律提供了答案，因此人们不再问这样的问题。[1]

宇宙恐惧无限遥远、难以渗透和不可理喻，为了走出其不可控制的威胁，当权者就以“魔咒”的方式召唤和要求人们遵守一种可行的、相对容易理解的、法律明文规定的命令。一旦太古、原初的恐惧堕落凡间，当权者就会把它改造为因背离规则而产生的恐惧；把超人类的宇宙悲剧改造为世俗的、人类的、真实的人的任务与义务；把上帝意志的深不可测的谜团所导致的恐惧和战栗改造为遵循明白易懂的、明文规定的禁令，由它的全权代表——它的行走在尘世间、嘴上涂油的发言人——校对、审核和
53 编撰的禁令。

罗伯特·卡拉索（Roberto Calasso）研究了那些“官方恐惧”的世俗管理者与作为他们的最终管理对象的那些人之间的关系，并借助弗朗茨·卡夫卡（Franz Kafka）的两本小说《审判》（*Trial*）与《城堡》（*Castle*），来指出这个问题比“官方恐惧”更

① Zygmunt Bauman, *In Search of Politics,* Polity, 1999, pp.58-59.

加被复杂化；铸造“官方恐惧”这一工作，并不是一个十分坦荡的任务。[1]卡拉索认为：“如果乡民看到《城堡》的评注家冗长地谈论诸神和上帝以及它们如何干预他们的生活，那么他们可能会愤然采取行动。”对于把城堡占有者与上帝以及他们从宗教经验中得知的其他神灵进行对比的所有意图，他们都会表示愤恨。如果“他们学一点点神学，然后依赖于心的奉献——他们会思考——就足够了”，就像上帝了，那么处理城堡中的居住者“会是多么的简单。但是，这个城堡的官员要复杂得多。没有任何科学或学科可以借用来应对他们”。

的确，各种宗教系统往往通过许诺提供十分简单的各种方法，（尽管有时在量与质方面都达不到所许诺的水平）来讨好上帝，安抚上帝的愤怒，以防原原本本地遵循其诫命的努力在实践中变成 54
太艰难、太繁重的任务，来保证它们的对象的顺从和遵守。而根据巴赫金，这种宗教系统是一种意在实现把“宇宙恐惧”改造为“官方恐惧”的最佳安排，一种根据“宇宙恐惧”来编织“官方恐惧”，同时突出由这种恐惧的首要的、原初的根源设下的基本原则的一种最佳安排。人们无法与“宇宙恐惧”的木讷不语的根源交谈，但是，在不会使上帝失去任何可恐惧性的同时，人们可以这

① Roberto Calasso, K., trans. *Geoffrey Brock*, Vintage Books, 2006.

样与上帝说话：通过言行来祷告、乞求、恳求、要求上帝饶恕罪孽，奖赏美德。而且，与既聋又瞎的自然不同，上帝可以听闻那些忏悔者——扪心自问而悔罪的人，并使他们感激。教会——自封的上帝在世俗世界的全权代表——一丝不苟地、极其详尽地明文规定了行为的律令，而这种行为律令必然导致上帝进行祝福或诅咒——上帝同时具有祝福与诅咒的力量。命运打击的剧痛，使上帝之怒的牺牲者，准确地知道他们不得不做什么，才能获得救
55 赎。如果这种救赎迟迟不来，他们就会认为，一定是他们自己还没有足够热忱地做好自己该做的事情，因此自己仍然有罪——一种基本上可以纠正的轻罪。

但是，由世俗政治权力调用和重新布置的、现代版的“官方恐惧”，恰恰拒绝进入这种宗教系统的实践，即使宗教系统几乎从来不曾忽视对其戒律的口头宣扬，也是如此。现代版的“官方恐惧”的意图和许诺，就是用由公正与责任的道德原则（这些道德原则声称，在人们的行为选择与人类的困境之间存在一种严格的因应性）所指引的一种和谐、相对清晰的秩序，来取代盲目的命运游戏（即人类的所作所为与这些所作所为对行为者及其周边他人的影响之间的脱节，这是一种极其让人困惑的脱节）。而今天的

人类，公然违反这种意图和许诺，最后却发现暴露在风险过多充斥、缺少确定性与保证人的社会中。但是，下面两种新情况的出现，使我们有必要重新思考巴赫金的模型。我们不能说他的模型已经完全过时，但至少可以说需要补充和完善。

第一种新情况，就是影响深远的“个体化”。这种个体化是一种代名词，指称的是那些认为“社会”具有想象的总体性的当权 56
者，坚称那种应对因现有不确定性所导致的问题的任务，完全应由控制资源明显不足的个体来完成。更简单、更贴切地说，所谓的“个体化”，就是当权者丢下和抛弃社会成员，任由他们自己去应对风险。正如已逝的德国学者乌尔里希 · 贝克 (Ulrich Beck) 所指出的，现在完全由个体来发现和解决那些社会地产生的所有问题，而个体无法实现这一任务。

个体为各种恐惧所淹没，这些恐惧包围和渗透了个体的整个生活环境，以及由无数平凡的个体生命所构成的整体（正如毛细血管实现了生命机体的整体），而当权者却抛弃了他们，他们只能依靠自己的资源。与可依赖的外部资源之宏大壮观相比，他们自己的资源显得微弱、稀少而单薄。正如韩秉喆（Byung-Chul Han）所指出的[1]，卡夫卡有句精辟的格言，包含着对普罗米修斯

① 参见 Han，*La Société de la fatigue*，Circê，2014。

这一传奇人物的一种新理解[①]，这句格言是："上帝累了，秃鹰也累了，而肝脏早就累了。"在这一格言中，卡夫卡本人为理解他的英雄们的状况提供了一把钥匙。他还说，现在肝脏痛苦的症状，就是疲劳症状——疲倦、困乏、消沉、失去能力；正是我们——当今"表演者社会"的外来居民和必须依令行事的演员——被各种花
57 招诈骗而发挥导致那种疲劳的秃鹰功能。现在我们成了老式的"规训社会"的代理人，用办公室中的"权力"口令，取代弗洛伊德式的"尊重"口令（pp.7-9）。在秉执韩秉喆的隐喻的同时，我们还需进一步指出的是，只要我们的口令不再是顺从，法律和义务就会得到满足，但自由、渴望和享受它们得到满足的嗜好却不能得到满足（p.12），我们的困境，就是普罗米修斯式悲剧的、我们自我拼凑的版本。我们是这种被撕裂成片的肝脏，我们也是把它撕裂成片的秃鹰。韩秉喆效仿阿兰·艾伦伯格（Alain Ehrenberg）的《做自己的疲劳：抑郁与社会》[②]，认为那种抑郁、一个表演者社会中的主要的疾病，不是由过度的责任和义务导致的，而是由"表演者的诫命、后现代劳工社会的新规则"导致的。[③]

① 至于全文，可参见 Franz Kafka，*The Collected Short Stories,* Penguin Books，1988，p.432；也可参见 http://zork.net/~patty/pattyland/kafka/parables/prometheus.htm。二者均采用了威拉（Willa）和埃德温（Edwin）1933 年的译文。

② Alain Ehrenberg，*La Fatigue d'être soi: Dépression Et Société,* Odile Jacob，2008.

③ Han，*La Société de la fatigue,* p.55.

到底正在发生什么情况？过去的时代结束了，现在的时代在某种程度上完全不同于我们记忆中的、卡夫卡或米歇尔·福柯（Michel Foucault）认为具有永久性的“规训社会”（在我看来，就是“固体的现代性”社会）。这种规训社会把诸如卡夫卡的小说《审判》中被判莫须有罪名的约瑟夫·K(Joseph K.)、福柯的博士论文《疯癫与文明——古典时期的疯狂史》中所谓正常人眼中的疯子之类的罪犯踩在脚下，使之成为社会的最底层，并加以清
除。正如韩秉喆所指出的，现在我们的“表演者社会”出现了一 58
种变迁，专门制造和清除“那些抑郁者和不适者”（p.52）。由于不能达到“表演者社会”对外来居民所期待的、要生存（常常是生理的生存，也一定是社会的生存）就必须达到的表演标准与数量，上面所提及的这两种人都成了自我剥削、自我折磨、自我耗竭的牺牲品。他们都是他们的失败的牺牲品，同时又是他们的失败的元凶；都是导致失败的抑郁的牺牲品，同时又是失败导致的抑郁的牺牲品（参见 p.56）。正是他们自己资源的严重不足，剥夺了他们仅存的一点自尊，使他们为他们自己的不幸和羞辱而遭受谴责。

“表演者社会”首先是一种个体表演的社会，是一种奉行“必

须游泳否则淹死的个体主义文化”的社会。在这种社会中，“日常生活日益变得危险起来”，迫使个体进入一种“时刻准备就绪”的状态；“可预测的稳定收入、储蓄、固定的‘职业’等等，所有这些都已经成为一种历史的世界”[1]，这种历史的世界具有另一种统治形式——“一种并非通过许诺提供保护和安全来使政府合法化的统治形式”，而至少自托马斯·霍布斯（Thomas Hobbes）以
59 来，这种统治形式就被认为已经一去不复返了。[2]由于那些处于高层的当权者当了甩手掌柜，完全不担负起他们的使个体可以活下去的责任，个体存在的不确定性就被个体化了，处理这些不确定性的责任，就直接地、不可避免地被压在软弱无力的个体的肩膀上，而随着这些个体傻傻地接受和从事使自己蒙受苦难的 DIY 工作岗位，存在的压迫和灾难就被消散了。个体注定要个体化地寻求设计可以个体化地控制的办法，来解决先前坚持、现在又无情地收回对个体危险提供集体安全保障的社会所产生的问题，并且个体因而不得不求助于自己的个人资源，而个体常常——或者恐怕很快就会——发现自己的个人资源是极度不敷使用的。由于政府撤退，抛弃个体并把他们置于真空地带，这种“个体化”预

① Ivor Southwood, *Non-Stop Inertia,* Zero Books, 2010, pp.37, 15.

② Isabell Lorey, *State of Insecurity,* Verso, 2015, p.2.

示着他们的生存状态面临的危险在升级，从煎锅掉进了火坑。“政府的朝不保夕化……不仅意味着因失业而导致的不稳定化，也意味着生活行为的不稳定化。”[①]在规训社会中由官方引起和传播的、不遵从就会被打上烙印之恐惧，在表演者社会中为对个人资源不 *60*
足的恐惧所取代。总而言之，被官方“解放”的个人，最后却发现自己对不起官方的“好意”，因为这种完全彻底的个体化生活的考验和苦难确实太大了。

在个体根据判词而进行表演的社会中徘徊的幽灵，实际上就是个体发现自己的资源不足，因而不能有效地甚至根本不能抵制风险的恐惧，以及对这种无能为力可能导致的即时后果的恐惧。这些后果包括失去自尊，以及从而被排斥、抛弃和清除。那些掌权者作为官方恐惧的生产者，仍在忙于强化个体生存的不确定性，而幽灵就是从这种不确定性中产生，并且总是从中不断实现再生的；那些掌权者现在急切地干他们能够想到的事情，以使幽灵尽可能可见和可信——“真实”。说到底，他们借助官方恐惧的最终目的，就是使自己能够保有权力。然而，在由已被研磨和瓦解成一个个个体表演者（被迫自负其责和自我依赖）简单聚合而成的社会中，掌权者们却能够盼望日益依赖我们——掌权者的没有

① Isabell Lorey, *State of Insecurity*, Verso, 2015, p.13.

报酬、没有保障、自处危险、毫无保护的实习生（intern）——在由我们日常支持和再生产的片段构成的社会中，来展开片段化的生活。

61 “宇宙恐惧”从人类因认知和实证力量的有限而可怜的状态中生发出来后，在“规训社会”中通过宗教和政治化身为“官方恐惧”，又在“表演者社会”中降临到“生活政治”（安东尼·吉登斯提出的术语）领域，最终落到生活的具体实践者的肩膀上。这类个体，一方面被假定为“自主的、有潜能的、意志坚强的人”，只需要轻轻地推动，就能“冷静地、坚决地努力改善他（她）自己”[①]；另一方面，能够掌握和控制的资源十分贫乏，而必须面对的挑战却十分巨大。他们被所谓的可获得的选择、诱惑的无限性，以及向他们提出的要求的无限性缠绕着。这些依照判词进行表演的个体，知道他们自己无法应对风险而处于尴尬地位，似乎已无多少选择，而只能求助于“他们自己的上帝”——正如贝克深刻地指出的，“他们自己选择的上帝”——来从日益迫近的抑郁中获得拯救。[②]然而，这种信仰的转变，并没有在多大程度上缓解源自他们的生存状况和地位面临的极其明显的危险的极度焦虑，也没

① 转引自 Carl Cederstr¨om and André Spiser，*The Wellness Syndrome*, Polity，2015，p.6。

② 参见 Ulrich Beck，*A God of One's Own*, Polity，2010，p. 62。

有在多大程度上缓解因不能阻止危险的进一步恶化而自责所产生 62
的痛苦，就更别说扭转这种趋势了。

第二种新情况则是，由于在持续进行的权力（即完成某事的能力）的全球化过程后，并没有出现一种相应的政治（即决定需要完成何事的能力）的全球化，导致既有政治单位领土治权被侵蚀，并因此在实际行动的目标与手段之间造成了一种可怕的分离。其结果就是，“官方恐惧”的根源，与巴赫金所归纳的模式不再一致，现在“官方恐惧”的根源与“宇宙恐惧”的根源一样，无知觉又无言语，对于大多数意图和目的来说，都是不可见、不可得的。它们高高在上，与请求者保持距离，不为请求者的乞求所动，更别说请求者向它们提什么要求了。它们的大部分对象的交流通道都被切断，越来越多的人已经失去了与当权者进行明智、冷静对话的所有可能。

埃理克·霍布斯鲍姆(Eric　Hobsbawm)是现代最具洞察力的历史学家之一。他在四分之一世纪之前（也就是现在的“移民
危机”开始露头之时，甚至是在人类状况出现的新的“全球性” 63
为人所知之前）就指出：

城市化和工业化，的确需要大规模的各种各样的人口流动、迁移和转移，但却损害了国家主义者的一个假定，即国家是一片地域，由族群上、文化上和语言上同质的人口所居住的地域。在那些涌入了大规模“陌生人”移民的国家或地区中，本地居民可能会出现强烈的排外、仇外情绪，甚至种族主义反应。不幸的是，1890年代以来的美国和1960年代以来的西欧，都出现了类似的情况。然而，仇外主义或种族主义只是一种症状，而不是治疗之策。不管回归单一民族国家而非混合民族国家的梦想是多么诱人，在现代社会中，各族群共同体注定要共存一处。

霍布斯鲍姆说，今天，“在大多数国家中，涌入的移民往往属于处于次要地位的少数民族”，他们实际上分布在一个个孤立的“小岛”上，而不是“联结在一起的大陆。……本地人中的弱者或恐惧者的反应，似乎就是会再一次发起族群身份运动，他们试图
64 树起各种篱笆，以把现代世界的各种力量限制在海湾中。……国际性的人口运动，与超速的、根本的和史无前例的社会—经济转型结合在一起，又促进了这种冒犯性、侵略性的反应的加剧，而不管这种反应针对的是真实的还是想象的威胁”。这仍然是我们时

代的特征。他还说："我们不管住在城市社会的哪个地方，都会遇到陌生人：他们是游离无根的男男女女，使我们想起我们自己的家族根源的脆弱性，或者正在枯竭。"霍布斯鲍姆引用捷克分析者米洛斯拉夫·赫洛奇（Miroslav Hroch）的分析，认为国家主义和民族主义的作用，就是"一个非整合性社会中的整合因素的替代物。当社会失败了，国家就成了最终的保证人"。虽然霍布斯鲍姆已经作古，但他仍然穿过坟墓提醒我们："在人类生活发生了有文字记载的历史中最为快速和深刻的、长达40年的翻天覆地的变革之后，我们当中竟有如此之多的人感到痛苦、压抑和不确定，他们（陌生人）可以，也必须因此受到谴责。"我们的古代先人坚持而我们鲁莽地忘记了，对于我们自己的伤害，"历史是生活的老师"。那么，为了我们生存的目的，让我们听那个老师的话：让我们阅读、反复地阅读霍布斯鲍姆的开拓性著作《自1780年以来的国家与民族主义》(*Nations and Nationalism since 1780*)。我们从 65
那本伟大的著作中能够获得的教益就是，那些失败的、衰退中的社会，把它们的希望寄托在一个救世主、一个神一样的男人或女人身上的社会，都在寻找一个意志坚定、逞勇斗狠的民族主义者，他会允诺屏蔽全球化的地球，锁上那些很久以前就失去（甚至已经完全烂掉）锁扣和折页，并因此成为无用摆设的大门。

但是，本杰明·巴伯（Benjamin Barber）2014年在耶鲁大学出版社出版了一部名为《如果市长们统治世界：失能的国家，新兴的城市》(*If Mayors Ruled the World: Dysfunctional Nations,Rising Cities*)的极具启发性、让人信服的著作。在其中他宣称："今天，在取得长期地方性的成功之后，民族—国家正在全球范围内使我们日益衰败或失败。它就是自治的民族和国家追求自由和独立的完美政治秘方。它完全不适合于实现相互依赖。"它们"在本质上倾向于相互敌对、竞争和排斥"，因此似乎"完全不适合于相互合作，不能建设全球性公共利益"。然而，正如贝克在《世界主义者的视域》(*Cosmopolitan Vision*)[1]中所指出的，尽管"'世界主义者'在很多国家至今被认为是四处流浪者、敌人和
66 害虫，可以甚至必须加以驱逐、妖魔化甚至歼灭"(p.3)，但是不管我们喜欢与否，我们都已生活在一个"世界主义化"的行星上，各种边界已千疮百孔，整个世界日益相互依赖。我们所缺少的，是一种与世界主义化状况相符的"世界主义意识"。不过，我想补充的一点是，我们还缺少能够道成肉身的政治制度。如果威廉·F.奥格本（William F. Ogburn）还活在我们中间，那么

① Ulrich Beck, *Cosmopolitan Vision,* trans. Ciaran Cronin, Polity, 2006.

他会把我们现在的状况当作极好的例子，实际上是极其重要的例子，来说明他的“文化迟滞”理论。他是在 1922 年出版的一本书中提出这一理论的，而这本书有一个充满雄心的标题——《社会变迁》(*Social Change*)。

正是因为上述原因，赖希正确地指出，特朗普（通过代理人，通过那些他的日益壮大的同党）允诺通过建立进口壁垒和强制遣返外国人来保证事态得到改善，只不过是“白日做梦”；他们的竞选职业，只不过是一种“魔术师的鬼把戏”。不过，问题在于，在他们的遭受挫折的选民揭穿那些允诺以及诸如此类的表演之前，大量的水可能已从日益衰败、摇摇欲坠的桥下流向那些挣扎着要与全球化力量抗衡的既有地方政治实体。而原因在于，渴望铁腕强人是一种捷径，他们具有误导性却不无诱惑性。强人的承诺可 *67*
能是欺骗性的，但也是诱人的，容易让人上当。他们描绘出这样一幅景象：恢复和重新占有当今政治中因众所周知的日益严重的权力赤字，而大量缺失的且还在不断缺失的所有事物。并且，正是由于这种权力赤字，当今政治日益显露出没有能力防止回避其控制的那些有权力的人造成的损害；那些有权力的人，无视信奉自由—民主的政治家重新获得正日渐减少的权威的所有意图（当

然，这些意图本身就很少)，并对这些意图防患于未然。有很多
人被认为是民主的受惠者，但就是这类人越来越多地认为，民主
的不可饶恕的罪行，就是它失败于实践（deliver)，并且找借口
来为失败开脱，采取的模式常常就是“别无选择”，即“我们只
能这样做”；毕竟，“国会”（parliament）一词是“说”“谈论”
（parler）的派生词，而不是“去做事”的派生词。妄求者之所以
对强人角色着迷，在于强人承认会采取行动，尽管目前其行动就
68 是说和谈论；在于这样一个事实，即强人说与谈论的事情，往往
是他们能够以另一种方式做到的事情，完成这些事情存在一种替
代解决方案，他们就是那种替代解决方案。最后，强人的诱惑力，
也有赖于所有那些还不曾被验证的保证和夸下的海口。

第四章

走到一起并紧密相依

第四章　走到一起并紧密相依

第一批分蘖于类人类动物的人类，是狩猎者和采集者，他们 69
必须一生四处流动和游猎。他们的后裔即智人的大部分历史，仍然是四处游牧。历史学家威廉·麦克尼尔（William McNeill）说：“我们有充分的证据推断，我们的祖先刚刚进化为真正的人类时，是游走性的，为了追逐大型猎物而四处迁移。”[1]在200万年到150万年之前，名为智人的人种，已从200多万年前的古代两足动物即更新纪灵长类动物中分化出来单成一支。这两个物种天生就具有游走性和迁移性的特征。

人们认为，我们祖先的第一次大迁移，主要限于非洲大陆。
古生物学家认为，在10万年前，他们的一些后代，属于智人物 70
种，已经从非洲迁移到近东，并从这些地方逐渐分散到地球的各片大陆。正如凯文·肯尼（Kevin Kenny）所总结的，迁移“已成为他们生活方式的一部分”。人类历史上曾经发生过多次大规模的

① 转引自Stéphane Dufoix，*Diasporas*, University of California Press，2015，p.35。作者总结说：“定居生活是人类历史的最近发展。”

人口迁移，即整个社会大部分甚至全部人口整体性地从一个地方迁移到另一个地方。还有，肯尼在收集和整理最近的学术研究发现后认为：“现在世界上活着的每个人，都是一小群源自东非的、从解剖学上看是现代人的后代；最近的遗传基因研究显示，所有人的细胞中的线粒体，都遗传自同一个女性。”这个女性现在被人们封为“非洲夏娃”，她生活在15万~20万年前某个时期的非洲。[1]正如一份关于被称为“移民危机”（在我看来，这是一个十分模糊的说法，一种故意夸张声势的警告）的现代大规模人口迁移的前沿报告所表明的，即使在今天，虽然大规模人口迁移的原因出现了一些令人吃惊的新变化，但因应大规模人口迁移的社会/政治模式并不存在什么史无前例的改变。对此下文还将进一步
71 揭示。

然而，人类共居模式已经发生了对未来会产生重大影响的变迁，其中之一就是这个星球上人类居民的密度，包括物理上的密度与精神上的密度，都正在不断地（尽管是跳跃式地、指数式地）上升。

正如奎姆·安东尼·阿皮亚（Kwame Anthony Appiah）所指出的，“对我们的大部分历史，无论在典型的哪一天中”，我

① Kevin Kenny, *Diaspora*, Oxford University Press, 2013, p.17.

们的各代祖先“都会明白，只有他们最清楚”他们的生活。[1]他们的所有衣服和工具——实际上他们看到和使用的日常所有的人工制品——都是由他们制造的；“那就是塑造我们的世界，在其中我们的本性得以形成的世界”。就在不久之前——实际上是人类历史的最短暂的一瞬之前——我们以某种方式，试图“紧密地一起生活在同一个社会中，在这样的社会中，那些说你的语言、共有你的法律、种植你餐桌上的粮食的人，大多数是你从来不认识的人”。“仅仅是在过去两个世纪之前，我们才到达这样一点，即我们每个人都能够真实地想象与地球上 70 多亿居民中所有其他人互动和接触。”我们可以与他们分享我们制造出来的和我们珍爱的，
但他们没有而渴望的一些事物，我们也可以把我们制造出来的， 72
但他们却讨厌和憎恶的事物强加给他们，并且认为适用于我们的所有事物，都同等地适用于他们。阿皮亚总结说，挑战在于，“夺走数千年来地方群体生活所形成的精神和心灵，而用使我们已经成为全球性部落并生活在一起的思想与制度来装备他们”。这的确是一项巨大的挑战，一项完全真实的生与死（共生、共死）的挑战。通向我们的可能未来的道路，有很多岔路，其中一条通向合

① 参见 Kwame Anthony Appiah，*Cosmopolitanism: Ethics in a World of Strangers*, Penguin，2007。

作和幸福安宁，另一条则通向集体毁灭。现在，我们正处在十字路口，正要（或者说已经）踏上其中的一条岔路，而我们仍然不能提升我们的意识、目的和行为，以因应已经存在，并且完全不可能抗拒的，整个人类范围内相互依赖的全球性。这种全球性相互依赖是这样一种状况，即生存与灭亡之间的选择，取决于我们与那些意见、偏好可能不同于我们的陌生人之间紧密地生活在一起，维持和平、团结和合作的能力。

现在地球上已无任何剩余土地可供殖民开拓，也不存在任何土地可供那些狂热的殖民者炫耀其武力——这种武力强大到足以
73 迫使这些土地向新来者打开大门，清除土地上的土著人口。在这一情形发生之前，康德就早早预测到它会到来。并且，康德多次讨论过“绝对命令”(imperative)，认为这种情形一定会发生。但是，对于这种情形现在仍然需要进一步观察。在一个已经达到其承载力极限的满满的地球上，人们如何才能生活在一起——和平地生活在一起？

康德关于永久和平的第三项正式条款认为，世界公民权利将限于以普遍的友好为条件。康德坚持认为，他所讨论的和写作的问题——

不是一个慈善问题，而是一个权利问题。友好意味着陌生人在到达另一个人的土地上时，具有不被视为一个敌人的权利。当一个人拒绝一个陌生人而不会导致他进行破坏性的行为时，一个人就可以拒绝他的到来；但是，只要他和平地占有他的地方，一个人就不能怀着敌意对待他。一个人可以要求这样，但他并不能就因此而成为永久来访者。需要达成一个特殊的、能够使人们受益的协定，以便给一个外来者一种权利，在某一特定长度的时间内成为一个同道的居民。它 74
只是一种暂时寄居的权利，一种结交的权利，而所有人都拥有这样的权利。他们之所以拥有这样的权利，是因为他们共同拥有地球表面，在这个作为一个球体的地球上，他们不可能无限地扩散，并因此必须最终容忍彼此的存在。从根源上看，对于地球的某个特定部分，任何人都不会比他人拥有更多的权利。[1]

让我们记住康德的警告，以及他在阐述在一个其居民“不能无限地扩散，并因此必须最终容忍彼此的存在”的星球上，要实现世界范围内的“永久和平”的条件时，所保持的那种谨慎。康

① http://www.mtholyoke.edu/acad/intrel/kant/kanti.htm.

德所要求的，并不是取消领土（国家，特定领域上独立和自治的、被各自人口视为自己天经地义的祖国）的划分，而是一种“结交和组成社团的权利”（一种沟通、交往，进入友好的互动，并最终建立互利互惠的友好关系和纽带的权利，这种纽带被认为可以丰富人们的精神）。也就是说，康德所要求的是用友好替代敌对。康
75 德从相互友好中探寻可能性，从普遍的和平中寻找前景和希望，以结束相互残杀、撕裂欧洲的漫长历史。

在 200 多年以及几次血腥的战争之后，我们仍停滞不前，不能响应康德对友好性的呼吁。正如前文所引《卫报》对米利班德的访谈：

> 美国和英国政府提供的帮助并不够……英国政府说它每年接收了 4 000 叙利亚人，而这只相当于一天之中来到希腊莱斯博斯岛的难民。如果其接收移民的数量上升到每年 25 000 人，也只不过相当于每个国会议员选区——例如南希尔德选区［米利班德的根据地（old seat）］——接收 40 个难民。难道所有人都主张南希尔德不能接纳来自叙利亚的 40 个难民吗？那样的主张是站不住脚的……英国是一个多年来为人们提供避难所的国家，并从在这个

国家各个生活领域发挥各种作用的那些难民那里得到了很多好处。当英国稍稍关闭其大门时，它发出了这样一种信息，对于那些应走得更远的难民，完全关闭这扇大门也是可能的。76

在此，我们处在权利与义务王国（与道德相关的事物，关于其自身以及渴望法律明文化的事物）中，而不是“无法更改的事实”（facts of life）王国中，后者是政治所管理和渴望统治的领域。在以《关于永久和平的道德与政治之间的对立》为题的论文的第一篇附录中，康德写道：

> 政治说，“你们要像蛇一样的精明”；道德则说，“你们要像鸽子一样的诚实”，这是永久和平的限制条件之一。如果这两个绝对命令不能协调为同一个命令，那么政治和道德就真的会发生冲突；但是，如果精明与诚实这两个品质应时刻统一起来，那么对立性的思维就是荒谬的，关于道德和政治之间的冲突如何解决的问题，就甚至不能作为一个问题提出来。

在两个世纪之后，法国哲学家伊曼努尔·列维纳斯

(Emmanuel Levinas) 采取了一种更具派性（和更加激进的）立场。此时，对于持续存在的道德和存在论（即政治和行政所关注
77 的领域）之间的争论，他毫不含糊地、无条件地强调道德伦理。正是存在论（人类存在的条件，它包括了社会——政治所管理的对象）需要（以及理当、应该）使自己服从于伦理的评价和判断，而不是相反。

与道德概念的语源学系谱不同的是，伦理不是风俗的一种集合。风俗（mores）是已经形成的做法、习惯（habits）和方式，当下已被接受的、可以依循的行为模式，共同持有的看法；正如汉娜·阿伦特 (Hannah Arendt) 在她死前不久还在反复重申的："不同风俗之间，可以相互交换和改变，而其困难程度并不比改变一个人或一个民族的就餐方式更高。"由于特定时间中的风俗反映的是"各个社会的意愿"，因此它们之间可能彼此不同。它也与尼采的假定相反，尼采在呼吁"贬低所有现存风俗的价值"，敦促我们寻找新的风俗来替代它们时，主张生命应被视为一种最高的善，而"所有的伦理，无论是基督教伦理还是非基督教伦理，都因人
78 终有一死而预设生命不是最高的善，都预设生活中总是存在着比个体生命机体的物质维持与生产更多的风险"。阿伦特去世后，其

被整理出版的《道德哲学的几个问题》[1]一文中也着重地强调和断言这一点。该书是作者在康德去世200多年后与康德进行的一次深刻的长篇对话，与康德探讨了一些基本的疑问。而阿伦特基于一些那时的康德不可能获得而只能猜测的、后来才被发现的历史证据，对这些问题给出了新的答案。正如阿伦特尖锐地指出的："现代所声称的唯一新原理，最终被证明并不是'新的价值'的判断，而是对这类道德的否定。"

然而，并非是"对这类道德的否定"，构成了一种最可怕的疯狂，对正在全球化的星球上的我们据以共同居住的伦理标准产生巨大威胁。这一看法似乎是合理的，或者更准确地说，应是合理的，应努力抗争使之变得合理。在今天，权威的根源即使有也很少会支持道德的判断定罪功用及其监督功用，更少宣传道德的这些功用了；在今天，在神圣不可侵犯的伦理原则的旗号之下，战争被发动和进行着，而不管这些伦理原则是否被认为具有神圣的起源，或是否与由逻辑武装起来的，由理性支持、促进和操控的聪明人（homines sapientes）内在一致。对于道德，最让人害怕和恐惧的各种危险，不在此而在彼，在偷偷地、稳定地、无情 79

① Hannah Arendt, "Some Questions of Moral Philosophy", in Arendt, *Responsibility and Judgment*, Schocken Books, 2003, pp.50-52.

地持续扩大的“中立化”领域——人际关系领域与互动领域，价值判断日益被抽空，相应地在实践中被视为“道德中立”“超越了善恶”，完全只根据其“产生结果”的效率来加以评判。“要像蛇一样的精明”——仅关注获取结果的政治所遵守和要求的唯一诫命——却不需要以“要像鸽子一样的诚实”这一前提条件相伴随的情况，正在日益增多，而“要像鸽子一样的诚实”是道德希望——如果允许的话——增加的附加条件。我们应和阿伦特一样，注意和警惕很长时间以来，这种立场并非掌权者所独有，更不是专门从事政治诡计的特殊职业者所独有，他们经常通过熟练地、训练有素地、冠冕堂皇地把这些诡计包藏于意识形态所激励的道德盲从之中，从而做到不受与当下任务无关的任何因素的影响，包括无视当下人们遭受的苦难和屈辱等等代价，“可以说，没有人天生就是一个忠诚的纳粹，只会顺应他的社会地位，却隔夜就忘
80 记曾经与社会地位相伴的道德判断”(p.54)。

现在正在发生的，与持续扩大的人类相互依赖空间存在完全惊人对立的，就是道德责任王国的压缩。我们曾经承认这一道德责任王国，并答应为之负责任，接受它作为我们持续的、日常的关注和补救活动的客体。例如，就移民而言，媒体无休止地报道

的移民故事中具有持续不断的莫大悲剧的形象，不应仅仅激起我们的团结与关注念头的短暂的、狂欢似的丑陋爆发。我们所面临的更加突出的障碍在于，由于长期以来甚至已经远离这种道德狂欢，我们已经长期生活在一个严苛地、深刻地、显然不可补救地划分出了“我们”与“他们”的世界中。这样一种分裂，并不要求“这类道德的否定”。相反，这种分裂每天都付出大量的努力，狂热地、大规模地调动道德冲动来促进社会的、政治的分离和敌对性，而这种道德冲动从未死去，只是大多数时间里处于休眠状态。

可以说，在某种程度上，“道德”还远未成为我们时代的一种贬义的或者值得嘲弄的特征。现在与以前一样，“道德”名义上仍然是人们普遍渴望、攫取、占有和“小心”保卫的财产。那些标 81
榜它的人，如果不是出于其他原因，那么显然是出于希望它能赋予他们权力，希望它能帮助他们招纳新成员，以使他们能够获得新成员和促进新成员改宗，希望它能给予“我们”相对于“他们”的优势，希望它能使我们的行动得到我们所希望的认可，从而使我们能够主张我们的行动在道德上要优越于我们的竞争者和敌人。由于所有这些原因，相互敌对的力量阵营，总是“竭力争夺”拥有“道德的”标签的权利。处于对抗状态的双方，都会断然否定对方针对己方提出的任何道德冷漠、道德盲目或非道德立场的质疑。双方都会挖空心思，利用所有的手段来歪曲和控诉“他们”，与“我们”相区分的“他们”。

一言以蔽之，如果某一方“成为道德的”，占据了道德制高点，就意味着这一方知道善恶的区分，知道在它们之间的何处画出一条界线，以使人认为这一方的行为、法律、制度要更好；更重要的是，这意味着这一方承担起了促进善而抵制恶的责任（列
82 维纳斯所声称的，绝对的、无条件的、普世的责任）。然而，在受道德指引、激励的行为实践中，对那种责任画出各种界线（特别是把这种责任减到可能的、可承担的、可实现的，特别是“现实的”程度）往往是不可避免的。对某一个他者的并因此对所有他者的幸福安宁应负有绝对的、无限的、无例外的责任，可能只是一种诫命，一种被制定出来以测定圣徒的戒条，一种大概除了圣徒之外无人试图或能够终身完全遵从的规则。然而，我们很少能够声称拥有圣徒般的品质，因此把这种绝对责任削减到适合普通（“平均的”）人及其实际能力的程度，是社会的一种不可回避的任务，一种不可忽视的使命。也就是说，社会要对在多大程度上如何履行那种责任（道德责任的实现）设定各种限制，但又必须避免滑入其反面，陷入道德盲从状态。有些责任是不可逃避的。然

而，那些原则上可以回避（从伦理的角度需要通过各种不同方式拒绝和推卸）的责任，就是一种为人类社会设定、关于对人类聚集体必须承担的各种道德责任界限的共同倾向，换言之就是要把特定类型的其他人类，从道德责任王国排除。如果说由于道德 83
责任的绝对性，第一种限制是对国家的道德责任的一种地方性限制，那么第二种限制则无法与道德责任的绝对性相调和，因此需要被视为和对待为对它的违反，基于道德关注和考虑之外的原因，由强制力“从外部”实施。直白地说，与“成为道德的”品质完全地和无条件地相异的、对它产生妨碍影响的，就是这样一种倾向——在“我们”与“他们”之间画出边界，停止和放弃对于他者的责任。

道德责任的无条件性与拒绝和忽视对某些“他们”及“我们”的道德责任，二者之间存在的对立，只能导致认知失调，即一种具有扰乱性、有害性的心智与意志状态，一种在理解与行为之间存在让人困惑而又不可解决的矛盾时会普遍出现的现象。利昂·费斯汀格(Leon Festinger)阐述了这种现象，并命名为“认知失调”。[1] 他还列举了一系列策略，供受到影响的人们（有意识

① 参见Leon Festinger，“Cognitive Dissonance”，*Scientific American*, 1962，207(4)，93-107。

或无意识地）去寻找一种途径，减少那种理解上的矛盾性，消除
84 由理解上的矛盾性所导致的行为上的混乱性。最通常的策略，就是经过权衡之后，减少或否认相互矛盾的两种理解中的某一种理解的正确性，或者至少是使它的诱惑性、说服力最小化，甚至完全消除。就这里所讨论的情况而言，这种策略采取的形式，就是对那些被从我们的道德责任中无条件地排除的人，进行诽谤、中伤，丑化其形象，赋予其一些不好的特征；就是把这类人重新描述为不值得考虑、尊敬的人，并因此证明我们不考虑和关心他们，是对不可救药的恶的正当惩罚，是对那些我们无视、忽略、苛刻对待、冷漠相向的人的邪恶意图的正当惩罚。

认知失调概念及其意料之中的后果，对于解释和理解欧洲应对寻求避难所的难民潮的各种路数的个中奥妙，有很大的帮助。一直以来，这些难民受到各种责难，包括被指责携带和传播疾病、服务于“基地”组织或“伊斯兰国”、试图寄生于欧洲人的福利系
85 统、图谋把欧洲伊斯兰化并强制推行伊斯兰教规等。这类例子很多，而且现在还在不断增多。下面随机列举其一：

> 捷克总统米洛什·泽曼（Milos Zeman）最近怒气冲冲地指

责，那些富有的经济移民，恶意利用小孩来达到进入欧盟国家的目的。泽曼说："那些拥有苹果手机的家伙，利用小孩当人体盾牌，来为移民提供正当理由。""那些躲在小孩背后的家伙，……在我看来，并不值得任何同情。""那些家伙把小孩放在橡皮艇上带过来，明知他们可能溺水而死。"而泽曼是2013年上台的捷克共和国首位民选总统。在此之前，他还对难民进行过猛烈的批评，包括"没人请你来这里"。而他最近又说，"移民应尊重伊斯兰法，而不是捷克的法律"，所以他们当中那些"不忠的妇女应被处以石刑，小偷则应被剁手"。[1]

诸如此类的责难、归罪、诬蔑，往往没有事实根据，但其后果却很严重。首先是使进入的移民非人化，通过设计或通过缺场，把他们塑造成一种人类牺牲（homini sacri）——用吉奥乔·阿甘本（Giorgio Agamben）的话来说，就是各种被剥夺了世俗和 86
宗教重要性和价值的人。对移民的这种非人化，又为把他们排除在合法人权拥有者的范围之外铺平了道路，并导致把移民问题从道德责任王国的问题转换成安全威胁、犯罪预防、犯罪惩罚、秩

① http://news.yahoo.com/economic-migrants-children-human-shields-czech-leader-154015439.html.

序保护的问题，以及最终与军事入侵和敌对性威胁相关联的紧急状态问题，由此导致了十分严重的后果。[①]

这种倾向无论如何也很难找到合理的证据。例如，在《每日邮报》(*Daily Mail*）中，多米尼克·桑德布鲁克（Dominic Sandbrook) 反驳了英国首相的立场："卡梅伦先生的前任们，成功地把拿破仑和希特勒拒之门外，而这二人都有规模庞大的军队，并且在他们身后都有整个欧洲大陆做后盾。”因此，他真的应该能够处理和应对数千精疲力竭的移民——难道他不能吗？《每日电讯》(*Daily Telegraph*）的女编辑艾玛·巴内特（Emma Barnett）对媒体歪曲地描述移民以制造共识的做法进行了批判：

> 甚至用来描述想到欧洲生活的大多数男性厄立特里亚人、埃
> 87 塞俄比亚人、阿富汗人、苏丹人的词语，最好的情况都是机械而无情的词语，而最坏的则是非人化的词语。政府召开紧急会议，以确保“对非洲移民潮实现逆流而上的管理”。可是，这是一些真实的人，有情感、有家庭，还有我们不要忘记，有人权。

① www.theguardian.com/media/greenslade/2015/jul/30/calais-migrants-crisis-national-newspapers-blame-french.

然而，美国富州得克萨斯的农业专员锡德·米勒(Sid Miller)，把叙利亚难民比成响尾蛇，在脸书上晒出蛇和难民的图片，并问道："你能告诉我，这些响尾蛇／喋喋不休者，哪一条不会咬你吗？"他的上司，格雷格·阿博特（Greg Abbott）州长，则对记者说："我们不能因对某些人仁慈，而损害所有人的安全。"[①]又如，"凯蒂·霍普金斯（Katie Hopkins）根本不会理会关于她在一篇新闻文章中，称移民为蟑螂（在卢旺达大屠杀中，攻击者称他们的牺牲者为蟑螂）和野蛮人，激起了种族仇恨的指控"，不会理会说她在《每日邮报》上发表了一篇题为《去救船？我将用炮艇去阻止移民》的文章的指控，而当天的《每日邮报》的新闻头条，就是"警察最后受到常识的攻击"。[②]诸如此类的信息，难以尽述。

① www.nytimes.com/2015/12/26/us/thriving-in-texas-amid-appeals-to-reject-syrian-refugees.html?emc=edit_th_20151226&nl=todaysheadlines&nlid=43773237&_r=0.

② www.dailymail.co.uk/news/article-3301963/Katie-Hopkins-not-face-charges-allegations-incited-racial-hatred-article-comparing-migrants-cockroaches.html.

第五章

麻烦者、讨厌者、不合意者都不得入内

乔治·康拉德（George Konrad）曾打着自由主义的旗号，88
为推翻匈牙利的共产主义体制而战斗，《纽约时报》把他描绘为一位“共产主义时代对抗独裁的老兵”。他曾经十分憎恶当时匈牙利那位严厉的、反自由的总理维克托·欧尔班。[1]但是，就是这样一个人，也在认为欧尔班不是“一个好的民主分子，不是一个好人”的同时，宣称欧尔班对待移民的策略——包括封锁边境、修建栅栏、警告“他们预示着危险”等——是正确的。换言之，康拉德认为，欧尔班对他所统治的匈牙利公民的非自由主义态度是错误的，但对那些为了躲避暴政血腥的迫害、非人的贫困而来到匈牙利的移民的非自由主义态度，则是正确的。89

《纽约时报》的报道还告诉我们，在2015年（12月7日）的一次峰会上，欧洲各国领导人已“开始响应”欧尔班，“尽管没有继承他那讨厌的咆哮”，但他们——胆怯地、伪装虔诚地——把他

① “Hungary’s Migrant Stance, Once Denounced, Gains Some Acceptance”, *New York Times*, 21 December 2015.

们的信息隐藏于“政治上正确”的修辞面纱后面。他们挂着“移民问题”的羊头，背后讨论和试图解决的，却是“重新控制”欧洲大陆边境的必要性。他们采纳了最初只有成员国匈牙利奉行的双重标准，并把它上升为所有欧洲人的典范。

米歇尔·阿吉尔（Michel Agier），也许是至今为止最敏锐、最为持久、最有经验和最有见解的移民研究者。他对当下全球2亿流动人口的命运进行了深入研究。他认为，“移民政策”的主要目标，就是“固化世界性的两大人口类型之间存在的分割，而这两大人口类型也正在日益固化（reified）。一类人属于干净的、健康的和显眼的世界；另一类人则属于‘多余’的、黑暗的、充满
90 疾病的和被忽视的世界”。他预测，如果移民政策实践者继续他们现在的做法，那么这个目标会超越和弱化其他所有表面的关注和功能：难民营“不会再被用来维持那些易受伤害的脆弱难民的生存，而是集中安置和处理所有各种不想要的人口，并对其采取防御态度”①。

“多余者”的出现，是一种世界范围内的现象，而不仅仅是欧洲的现象。这个术语指的是那些处于我们的视野、考虑和意识之

① *Gérer les indésirables*, Flammarion，2008；转引自 *Managing the Undesirable*，trans. David Fernbarch，Polity，2011，pp.4，3。

外的人，而我们在世界上安逸、便捷的那部分环境中出生和长大，我们生活在我们自己的家里，而不是生活在帐篷中，不是生活在难民营中。这些“多余者”构成了“无数难民营、数千公里的人口运输走廊、岛屿、海上平台，以及沙漠中的围墙”中的人口。“每一难民营都由围墙、带刺的铁丝网和高压电线栅栏环绕，或者通过口头的劝诫而成为一种无形的监狱。”他们如果想造访我们的世界，“就要经由狭窄的走廊进入和退出，并要经过监视器、证章检查者、武器和病毒防疫检测器、思想与记忆的捕捉者的层层过滤”(pp.1-2)。如果我们偶然注意到他们的存在，完全是因为我们发现了先前被忽视的和完全不知道的、把这“世界性的两大人口类型”联系起来的管道；而先前试图把这两种人口类型分开，91
使彼此保持安全距离（即不能通过管道）的努力，没有完全塞紧这个管道。这种先前的努力，现在看来是不充分的，并且明显是无效的。这并不是因为我们良心不安，刺激了我们，并使我们一下子取下我们的眼罩；而是因为一起出现在我们家门口台阶下的“多余者”，迫使我们达成一致，去面对我们先前因耽于安乐而忽视了的、世界现实状态中的那些不显眼的各个层面。那群规模庞大的人口，堵塞了“狭窄的走廊”，堵塞了他们的“进出口”。我们设计用来服务于这些“偶然来访者”的到来与离去的、日益精密的高科技过滤器、探测器、捕捉器，一直都被认为是不可信的，并很快就被声称过时而无用了，特别是当面临成十成百、成千成万的“多余者”时，它们明显不能完成过滤、探测、捕捉工作。

英国移民权利网的负责人唐·弗林（Don Flynn）说：“我
92 们将看到，2015 年进出英国的人口运动，将最终不可避免地欧洲化。”[①] 他还认为，这种发展可能是一件好事。“进步性的、持有向前看思维的各国政府一起努力，会逐渐明白这种人口运动将如何促进经济的可持续增长和人们的福祉，以及如何通过国家来巩固人类的权利和光明。这是一种正确的方向。”然而，依然有很多重要的迹象表明，这种预测无论如何也不是一个当然的结局，而事态可能向相反的方向发展。弗林也承认存在这种可能性，但是他通过下面的观察，来证明他的乐观预测：

> 可悲的是，长期以来，这并不是政府考虑移入民的方式。在很多人看来，由此导致的功能失调，意味着欧洲已经日益与骚乱和威胁联系起来了。那些把登陆希腊岛屿的难民隔离起来、小孩的尸

① www. migranttales.net，21 December 2015.

> 体被冲上假日海滩、匈牙利国界上的警察为把那些人堵回去而开枪杀人、一些移民生活在加莱污秽肮脏的“丛林”难民营中……的画面，将是许多人最近一看就永难忘却的记忆。 93

德国则“开创了为时几周的例外，在这几周中，成千上万的公民一下子从一种使他们害怕和憎恶移民的氛围中脱离出来，转而向难民表示欢迎”。而英国首相“尽管在没有任何证据表明欧洲公民的迁移会构成国家福利系统的重大威胁的情况下……尽管许多独立的报告也指出，实施自由迁移权利的人们事实上只会促进参加这种福利系统的人的利益，……仍然决定它是一个重大的问题，需要动用紧急的方法来加以解决”。在未来一年或数年中的移民政策，将要么是“使向发达国家移民继续像一种游击战，以此减少移民的权利，使其保持在不安全与易受伤害的状态”，要么是“使一种以权利为基础的处理移民问题的方法获得更大的支持”，要么是在二者之间游移不定。

现在欧盟官方接受的移民策略，就是“移民问题”的“欧洲化”，欧洲各国此时此刻正在积极地执行这种策略，不过这种策 94
略并非必然预示着，更别说肯定会走向弗林所预测的“一种以权利为基础的”方法的趋势。例如，2015 年 12 月 9 日 BBC 的劳伦斯 · 彼得（Laurence Peter）提供的一篇新闻报道，标题就是《移民危机：欧盟边界安全成为新咒语》。他的报道如下：

> 欧盟达成协议，要组建一支新的“欧洲边界与海岸守卫队”，它将拥有比现在的欧盟边防局更大的权力和更多的部队。欧盟委员会强调，这支新的队伍不会篡夺欧盟各成员国边境人员的权力，而是会与之一起工作。然而，争议在于，如果某个成员国不能承担其保护欧盟边界的责任，那么在紧急情况下，委员会是否可以在不征得该成员国同意的情况下，部署欧盟的这支部队。还有，这支保卫力量的经费，有一部分是挪用遣返被抓住的非法入境难民的经费，而现在这种“遣返”任务主要由各成员国的军队在处理。

毫不奇怪的是，欧洲政治研究中心（Centre for European Policy Studies，CEPS）批评说，这种协议是一种“过于关注安全”的移民援助方法的产物，而这种援助方法无助于“消除根本
95 的原因，特别是贫困问题”。转移支付给那些非洲国家——“移民

危机的源头”——的经费，被故意挪用来建立难民营，那些满怀希望的、想去欧洲的移民，将被安置在这里，获得住宿，受到严密的戒备，接受预选，那些没有机会进入收容所的人将被驱逐，不能继续进入欧洲。因此，欧洲只是为了加强边界建设以阻止移民，才关注那些“源头国家”，对移民的“根本原因”却很少提及，只赋予一种次要的重要性。

各成员国几乎全体一致地同意并达成了花大量的努力来加强“欧洲的边界”的协议，但是此时此刻，他们之间的一致性正在逐渐消失。《卫报》的国内事务通讯员阿兰·特拉弗斯（Alan Travers），对欧洲当前的做法与意图进行了简要概括：

> 总部设在法国的市场调研公司 IFOP 进行的一项涉及欧盟七个国家的民意测验显示，对“保护难民免于战争和迫害”原则的支持率，在德国已从 9 月的 79% 下降到 10 月的 75%。而在法国、 96
> 英国、荷兰，不到 50% 的人表示仍支持这一原则。在德国，总理默克尔对接纳难民的数量设定上限的要求，虽然对她的支持率造成了伤害，但这种要求似乎还远不能把她从职位上拉下来。英国首相卡梅伦及其内政大臣特丽莎·梅（Theresa May）不仅使英国

的大门紧紧关闭，还在积极利用它的好处。德国在9—10月接纳了108 000名难民，而卡梅伦却在上周夸耀说，长期以来他已经安置了1 000名叙利亚难民。这位首相还坚定地主张，一种更好的办法，就是把400万叙利亚难民保持在“划定的范围或区域”内，辅以筹集10亿英镑援助计划，并“打断在地中海上了船与获得了在欧洲定居的权利之间的联系”①，进而抑制有些人冒险进行他们的旅程。

卡梅伦一方面在嘴上说“使移民问题欧洲化”，另一方面又“使他自己的国家避免分担应该兑现的义务”。但是，他并非唯一只动嘴皮的人。特拉弗斯还列举了丹麦的例子。“诸如丹麦这样的国家，已经放弃了它们的承诺，不再参与政治家们建议的留下难民并重新安置他们的计划，反而没收难民的现金和财产。在这种机制下，通过海洋或陆路进入欧洲的100万难民中，最多只有160人左右得到了居留权。这表明了欧洲在接纳难民方面的彻底
97 失败。”即使全世界的人都在关注，这些欧洲国家也只是积极捞救那些试图通过人间悲剧来谋利的人口偷渡犯罪分子造成的船难牺

① www.theguardian.com/world/2015/dec/22/britain-can-no-longer-sit-out-refugee-crisis-as-eu-prepares-for-greater-numbers.

牲者，在悲剧发生之后来应对这种悲剧，而仍然没有采取任何措施来预防这些悲剧的发生：

现在，欧盟给叙利亚人提供了天堂般的预期（如生活在德国），但是，他们必须先给骗子一大笔钱，并冒着生命危险偷渡过去。虽然从总体上看，只有2%的人死于这种诱惑，但换成具体的数字来看，在这个过程中有数千人溺水死亡。欧盟的移民策略是如此不负责任，以致从道德上看它更接近于杀人者的鲁莽，而不是营救者的美德。它只是让少数人沐浴了恩泽，却杀死了成千上万的人和忽略了数百万人。[1]

① Paul Collier, "Beyond the Boat People: Europe' s Moral Duty to Refugees", *Social Europe*, 15 July 2015.

第六章

仇恨：源于人类学根源抑或时代性根源？

第六章　仇恨：源于人类学根源抑或时代性根源?

康德坚信，因为每个人天生就有理性的能力，所以都具有道德的知识，即关于正确与错误的知识。然而，他不能同样如此肯定的是，道德的行动是否必然源于那种道德的知识。而阿伦特基于大量不可否认的经验证据指出："道德的践履是一种过程事件。"[①]康德十分清楚，道德的知识与道德的行动之间存在不相符的情况。他认为，导致这种不相符的根源，可以在"人类本性的阴暗处"找到。他甚至精确地指出，这种根源就是人天生具有"撒谎（lying）的能力"（p.63）。他还认为，撒谎的能力又根源于人的另一种普遍特征，一种人类所独有的恐惧——自我轻蔑，一个人自己的虚假（mendacity）意识所必然导致的自我轻蔑；然而，人们质疑，这种动机并不会强大到使人们撒谎，并保证谎言的实现。康德一直遭受着这样的质疑。 98 99

同样，康德完全根据"内在于宾我（me）的道德法则"的不

① Hannah Arendt, "Some Questions of Moral Philosophy", in Arendt, *Responsibility and Judgment*, Schocken Books, 2003, p.62.

可消除的永恒存在性，更准确地说，他通过揭示存在“一种独立于所有动物性，甚至独立于整个感觉（sense）世界的生命”，而无限抬高“自我的价值”，来证明他把一切都归结于人类对其尊严和自尊的关注的阐释是正确的（p.68）。阿伦特认为，康德的推理过程就是，“‘一个个体’的个人品质，实际上就是他的‘道德’品质”（p.79）。就算康德的推论在逻辑上是无懈可击的，并因此能够得到习惯上用来评价哲学命题的力量的标准的验证，其推论导致的真理也因此能得到验证，但那个最棘手的问题，即“如何劝说意志去接受理性的命令”（p.72），仍然没有得到回答；况且还存在一种相反的推论，在柏拉图的洞穴比喻中就已提出的推论——如何将“看到的证据，让人信服地转换成语言和主张”（p.88）。不过，对于如何确定一个学科领域，以便在其中找到这
100 两个深奥的问题的答案，阿伦特提供了一个重要的暗示：“从政治学的角度看，思想与行动之间的主要区别就在于，在我思考的时候，我与我自己的自我或另一个人的自我在一起，而我在开始行动的那一刻，我与很多人在一起。”（p.106）但根据她的观点，我们可以推断，是否可以在政治学领域找到答案，还是一个问题。不过，我认为她所暗示的就是，为了找到连接思想与行动的桥梁，

我们需要关注被社会学（或社会心理学）占据的那些领域，以及对话的艺术。

哲学思想领域因试图超越内在的和地方的矛盾而寻求一种普遍逻辑的优雅而臭名昭著，因此费斯汀格转而考察社会学领域，并绘制了一幅更为综合的、包括多种不同路线的地图，来逃离道德的知识与道德的行为之间混乱而让人困惑的鸿沟所导致的认知失调。这些不同的路线，具有一种共同特征，就是都明确绕开“自我轻蔑”这个陷阱（ambush）——因为自我轻蔑制造虚假的事实、撒下无形的谎言，或者阻止说谎者意识到它们。这一共同特征体现为信念（faith）——对某物完全的、不可动摇的信任和自信；一种坚定的、不屈不挠的确信，不受相反的证据和主张影 101
响的确信。这种确信之所以是坚定的和不屈不挠的，是因为它依靠的是精神上的确信，而不是证据上的确信。这种精神上的确信，实际上拒斥对证据的过度需要，先验地拒斥或不理会使信念被怀疑为不正常或虚假的所有证据。逻辑的／经验的推理秩序，因此被颠倒过来了：知识主动寻找证据来验证自身，而信念要摆在那里的证据自己来验证它。正是在这一点上，阿伦特所说的“从我开始行动时”就与“我”在一起的“多个人”、我们必不可少的和不可疏离的陪伴者（我认为，还应加上的是，他们自己的必要性、“我”开始行动时的必要条件），作为场景中的不可消除的一部分，进入了我们的路线图。由于缺少具体证据，或者被拒绝进入判决法庭，“我”的“正确的”、遵从了正确判断的信心，就由海德格尔的“庸众”、萨特的“真诚自欺”来支持。这意味着，通过自己始终与“正在完成的事情”以及完成这些事情的方式相符合，或者说与“大多数人习惯于正在做的事情”相一致，来证明自己的信心。做它的人越多，“我”的不可动摇的信念就越安全，就越自信。
102 信。“庸众”或“真诚自欺”代表的是数量的权威（authority）。

提出“庸众”与“真诚自欺”概念的那两位哲学家，都把它们描述为人类或多或少无时间性的一种特征——一种人类学的特征，或者更干脆地说，一种不可消除的、永远存在的特征。但是，在我们观察到和看到这种特征之前，我们并不需要立即决定人类是否真的具有这样的特征（也就是说，用人类智人历史来检验，看其是否是永远存在的和不可消除的）。不管我们对这个问题提出的答案是什么，有一件事情是肯定无疑的，那就是某些新的、具有时间性的情境，现在正在出现。这些情境伴随我们的行动，并对我们选择的目标和策略发挥决定性的作用和影响，以符合它们的旨趣。这些情境是作为如下几个相互暗合的分离的结果而出现的。

其中一种分离，众所周知，就是与我们自己的以及我们周围的人们的经验的分离，即我们现在有史以来第一次居住在两个不同的世界之中，其中一个是“线上”（online）世界，另一个是“线下”（offline）世界。我们能够轻易地从其中一个世界切换到另一个世界，而且切换是如此的平顺，以至于大多数的切换都不会引起注意，因为这种切换并不存在清晰的边界，也不存在难民 103
营，没有安全警卫部队来审查我们的新来者，更没有移民官员来检查我们的护照与签证。我们常常使我们自己同时处于这两个世界之中（例如，我们一起或独自坐在桌子边或行走在大街上，同时用脸书与数百公里之外的朋友交流）。同样，我们会——有意地或无意地、惹人注意地或无人注意地——转变我们的注册身份，这取决于我们注意力的瞬间转换。而我们进入的每一个线上世界，都有自己的行为预期在等待着进来的人，都有自己所推荐的行为模式希望得到进入者的遵守。

关于线上、线下两个世界之间的差异，我们可以列出长长的清单。但是其中一个差异，就是线下世界似乎特别着重强调我们对于“移民危机”挑战的反应，即在线下世界中，“我”处于控制之中，被期待（而且很多情况下是被迫）服从随时会变化的、反复无常的环境的控制，遵从、调整、协商“我”的立场、“我”的角色以及权利与义务之间的权衡。所有这些都会通过明确的或假
104 定的排除、驱逐等惩罚来保证和强制实施。而在线上世界中却相反，“我”是负责者和控制者。“我”觉得“我”是情境的管理者——设定议程，奖励遵从者而处罚那些不服者，挥舞可怕的“禁言”和“踢人”之武器。“我”属于线下世界，而线上世界属于“我”。从线下世界穿越到线上世界，就如同进入了一个能够迎合“我”的意志、乐于并热切遵守“我”的要求的世界。

线上生存替代线下生存的优势，在于线上世界有一种许诺和期待，即免于困扰和折磨着线下世界居民的那些不适、不便、困苦等；在于线上世界是一种没有忧虑的自由幻境，这种忧虑不仅源于解决线下现实生活中不可解决的进退两难的困境和各种烦恼，也源于悬置它们、把它们扫到地毯下面、把它们从视野中排除，特别是使它们与“我”已经为自己设定的、“我”着意追求的任务不相干。通过把线下世界的复杂烦恼抛到一边，线上世界中的任
105 务似乎都是如此的容易，不需要费多少力就可以完成。如果“我”

发现“我”追求的任务需要太多的努力，或者产生结果的过程缓慢得让人愤怒，那么“我”可以轻易地、没有遗憾地放弃它们，转而追求“我”至今没有尝试、不会让“我”失去名声、有希望和前途的任务；所有线上的选择，都不是最终的和不可逆转的选择，所有的挫折都可以修复，所有的失败都可以挽回。

当在线上世界航行时，更多舒适、更少不便是唯一（尽管是双重性）的指针，其他所有的指针都被弱化了。我们面临的线下任务越复杂、越成问题、越具有挑战性、越使人紧张和感到有压力，那么在线上世界常常能够找到的，也总是能够承诺的简单化和便利性，就越具有诱惑性。线下世界具有不可救药的异质性、非自治而他治性，以及意见多样性；它使得我们必须不断进行选择，而任何选择都很难一清二楚而不存在任何模糊矛盾性，所有的选择都会威胁说要坚持“实质的斗争”，都可能产生一些哪怕是最辛勤的预测也无法预见的后果。相反，替代性的线上世界则如此的迷人和让人惬意，因为其坦率而没有风险，因为其提供一种机会来减少复杂性和避免争执。线下世界的复杂性越是难以参透，争执越是难以解决，线上世界提供的这种机会的诱惑力就越强。 106

当前由“移民危机”产生的、因移民狂潮而恶化的问题，属于最复杂和最具争议性的问题。在这些问题中，道德概念上的诫命，与对“巨大而不可知之物”——家门口大量的陌生人是其缩影——的恐惧进入直接的对抗。由携带不可思议的危险的陌生人的景象所激起的恐惧冲动，与由人类的不幸景象所激起的道德冲动进入相互的战斗。道德试图劝说意志遵循道德的命令，但道德所面临的意志的挑战，变得史无前例地危险；意志试图塞住自己的耳朵不听道德的命令，使得意志的任务变得不曾有过地折磨人和让人痛苦。

我们所有人，在此时或彼时，都被卷入战斗当中，同时承担不同的角色，在这种战斗中既是战士又是裁判。因此我们之中相当一部分人，都受到线上世界避难所具有的和提供的简单化的诱惑。在这种线上世界的避难所中，一个人可以免于线下世界必
107 须近距离面对敌人的情况；一个人可以通过简单的权宜之计，即闭上自己的眼睛无视敌对者的存在，塞上自己的耳朵不听他的主张，从而逃脱那些令人心碎的、销蚀自尊的谎言圈套。这两种权宜之计在线上世界都可以实现，而在线下世界都不可能实现。因此可以预测的是——而研究者也发现了——很多网络使用者，都会利用网络来把他们自己与战场上的各种景象和声音隔开来。结

果是导致了一种“舒适的区域”，那些具有相似思想的人可以进入其中，而那些具有相反或对立思想的人则不准进入。只需时而敏捷地、坚决地、持续地按下“删除键”，就足以把异议及其携带者从视野与记忆中抹去。既然公开自己的信念并使之接受质疑，承担着这种信念最后被证明是错误的风险，那么就会因此觉得进入一种争论就像是一种选项，而这种选项可以更好地回避，而这又会导致一种颇受欢迎的减压，即不再需要输入道德诫命以及使其保持吸引力，只要在道德上变成聋子和盲人，选择一种没有风险——其他选项具有的风险——的选项，就够了，谢天谢地。

由于网际漫游人（internaut）在道德上已经致盲和变聋，所以毫不奇怪的是，正如最近出版的《全国科学研究新进展》中的研究所显示的：“无数的美国人，相信他们的那一边基本上是仁 108
慈的。而另一边是邪恶的，不要去接触他们。”[①]特朗普，迄今最受欢迎的美国共和党总统候选人，有着不断发表促进种族和宗教仇恨的黑暗言论的长期纪录。《纽约时报》网站意见评论编辑艾玛·罗莱（Emma Roller）指出，特朗普常常进行“我们—他们的恶言谩骂，而又拒绝关于他向其支持者进行充满仇恨的演讲的

① 参见阿瑟·C. 布鲁克斯（Arthur C. Brooks）在《纽约时报》（2015 年 12 月 26 日）上的报道。http://nytimes.com/2015/12/27/opinion/sunday/the-real-victims-of-victimhood.html?em.

指控”，可谓“我们这一病毒时代的完美候选人”[1]。为什么会这样呢？夏威夷大学一位心理学家发现，被人们最急切地共享的病毒时代，就是那些“直接来自无意识的”时代——同时是“对他人仇恨、恐惧、愤怒的时代——它们直接来自无意识”。在电话、平板电脑、笔记本电脑屏幕前面的喜欢孤独的宅男宅女，他们的世界里只有病毒性的他者存在，所以似乎把理性与道德都置于休眠状态，从而使通常被控制的情感失去了控制。

显然，网络并非道德上既盲又聋的网际漫游人数量日益增多
109 的原因，但它确实起了极大的促进作用。

在探寻我们现在所讨论的这种倾向的根本原因时，我们不能仅仅着眼于工具和手段，还要拓展视野，深入剖析使用这些工具和手段者的动机，揭示他们急切地抓住那些工具和手段提供的可能倾向的深层原因。他们如此敏锐地、欢快地使用这些新工具和手段并享受其好处，必然存在一些还没有得到满足的需求与渴望，所以要借助这些工具和手段来满足它们。这种需求与渴望是由一种新的人类共居模式产生出来的，这种新的共居模式导致了既有实践知识和它有意要服务的习惯行为模式的不适当性，或者不再

① www.nytimes.com/2015/12/29/opinion/campaign-stops/donald-trumps-unstoppable-virality.html?emc=edit_ty-20151229&nl=opinion&nlid=43773237.

具有让人满意的有效性。而新工具的出现，又通过使直到最近还具有支配性的生活方式看起来更加次要、过时、没有竞争力和完全多余，从而把那种需求和渴望推升到近乎不可抗拒的诫命的层次。

我在第三章中通过引用韩秉喆的一段论述[①]，把最近出现的一种社会特征概括为“表演者社会”（“表演者社会”取代其前身“规训社会”的过程还在进行之中），用路易·阿尔都塞（Louis Althusser）的话来说，“表演者社会”是一个最强调和看重作为“表演者”的能力的社会。对此，我想补充的是，我们可以把网际 110
漫游人描述为一个“处于持续接触中的孤独者”，而与网际漫游人不同，今天的“表演者”是在持续竞争和彼此的敌对中完成他们的表演的。个体化的结果，正在铸就“表演者”的能力——积极侵蚀社群联系的能力，导致具有整合功能的集体日益脆弱、不稳定并最终瓦解，进而放弃它们的个体成员，使个体承担起自我界定、自我判断和（完全）自我关照的沉重义务，完全依赖于个体自己的资源、能力和勤奋。由于缺少替代性的环境设置，所有这些义务都要在市场框架下完成。因此，成为一个“表演者”，也就完全等同于要卷入以市场为中心的商品买卖之中。而且“表演者”

① In *La Société de la fatigue,* Circê , 2014 (German original: *Müdigkeitgesellschaft,* 2010) .

必须拿到市场上去出售的商品，正是他们个体的表演，“表演者”必须使自己的表演能够在市场上卖得出去，也就是说，其质量对潜在的买主要有吸引力。为了实现这一点，他们必须与其他出售者一起竞价销售，所有这些出售者也只能实质上被视为零和博弈中的真实或潜在的竞争者。因为周围的其他人，邻居、工友或过
111 路人，注定要参与同一博弈，所以这些人往往被下意识地怀疑为居心叵测的恶毒对手，并且会被持续地如此看待，直到被证明并非如此为止。因此，个体对于一个他者的出现和存在的最初反应，往往是警惕和怀疑——这是一个模糊而不确定的焦虑时刻，一个想要寻找锚定点的冲动时刻，个体因为正处于确定威胁的过程中而格外紧张。在整个这一时段内，遵守道德的诫命，被暂时中止了。理性的建议，就是要谨慎，让正在睡觉的道德躺着，而不要催促它们醒来。

因此，现在我们在大部分时间里仍居住在一种重新复活的、一切人反对一切人的、霍布斯式的世界中。也许，我们真的不在这样的世界中，但是我们感觉似乎就在这样的世界中。恐惧有很多双眼睛，而危险有很多入口。墙壁到处是洞——犹如一张破网一样不安全，而远非水泥浇筑的防御城墙。生活真的让人感觉肮

脏、危险而残酷——越是肮脏，越是残酷，也就越是漫长。通过脸书认识的朋友，似乎很好玩，可以在一起呐喊，但是当需要共同完成某事时，他们却并无多大用处，就更别提在紧要关头了(如果你是幸运的，这样的时刻很少；但如果你是不幸的，这样的时刻就很多)。在这样的时刻，按照永恒的社会习俗智慧所提供的 112
建议，他们——例如，在下一轮的分包、合同外包和裁减冗员的过程中——需要提供是“真正的朋友”的证据。在这样的时刻，他们都跑了，你独自剩下来，只能啜饮自己的果汁，却发现自己的果汁根本不够喝。

你感觉你自己成了牺牲品。是什么的牺牲品？是环境的牺牲品，是你即使能也只能极小地影响、更别说控制的环境的牺牲品。我们往往称之为“命运”。但用这个名字来称呼它，只会在伤口上撒盐，表明你不只是一个失败者——这种失败会使你倍感羞辱和自我贬低——你还是一个缺乏远见的、无知的、呆笨的、大错特错的失败者。命运没有脸，而你往往徒劳地要为它加上一张脸。为了避免这种伤害和拯救我们自己的尊严和自尊，需要明确哪些人是牺牲者，准确地找到和指出他们的加害者；并且，这些加害者必须有可识别的脸面，以易于发现、查明和附上名字。

移民，特别是其中的新来者，的确与上述所有状况都十分吻合。他们已经被赋予了名字（至少是一种类别性的名字），大量的
113 政治家与杂志作家，竞相试图支配我们的精神与思想，都十分乐意且匆忙地给移民命名，他们已经免费为我们完成了确定移民地位的工作。并且他们的工作结果极易获得并值得信任，与一加一等于二同样值得信任和不证自明。他们说，在移民出现在大街上之前，你不会担心你的工作岗位不稳定，幸福安宁受影响；而现在，他们已经到来或正在到来的路上，你将完全明白，你所担心的情况出现了。

甄别制造死亡事件的刑事罪犯的机制，似乎完美无缺、无与伦比。如果不是因为存在一种对抗的势力，它确实会如此，但出现了两种势力发生遭遇和相互对垒的情况，导致一种对话，其目标即使不是达成无条件的共识，也是必须达成一种相互理解。路德维希·维特根斯坦(Ludwig Wittgenstein) 在《哲学研究》(*Philosophical Investigations*) 一书中，把理解界定为“知道如何继续”(也就是说消除或者至少是减少不确定性。而不确定性是所有恐惧之母)。然而，这样一种理解如何才能获得？20 世纪最伟大的哲学家之一，汉斯-格奥尔格·伽达默尔（Hans-Georg

Gadamer）在其《真理与方法》（*Truth and Method*）一书中，揭示了获得这种理解的途径，他认为理解是“各种视域相互融合”的过程。正如澳大利亚哲学家毛里斯·马尔帕斯（Jeff Malpas） 114
对伽达默尔哲学精髓的阐释——在我看来，他的阐释最准确易懂——所言，理解就是“确立一个共同的框架或‘视域’”[1]。地球上人类的不同部分，在相遇并交流时会使用各种不同的语言，他们各自用不同的语言绘制的不同的知识的视域，现在正在逐渐走近，并达到相互混合和融合。（人类的不同部分都会有序地使用自己的语言，在它们的帮助下把握、理解、适应他们的生活世界。）但是，我想补充的是，要实现那种融合，要使两个彼此不熟悉的领域日益为对话双方所熟悉，首先就需要迄今还相互分离——相互对抗并因此相互疏远——的“生活世界”，积极地走到一起并相互重叠。视域的融合与生活世界的融合相互交织、互为条件，经过要成功完成融合就必须经过的道路，来实现相互引导和相互理解。

然而，我们需要记住的是，伽达默尔的理解概念有一个不可分割的部分，就是他关于理解概念的定义的关键特征：理解是一

① Jeff Malpas, “Hans-Georg Gadamer” , in Edward N. Zalta(ed.), *The Stanford Encyclopedia of Philosophy* (Summer 2015 edition), http://plato.stanford.edu/archives/sum2015/entries/gadamer.

115 种永远不会完成的过程，是一种总是即将出现的状态，一种持续进行的、无休止的、也许不可完成的状态。因此，伽达默尔坚持认为，不可以把理解“简化为方法或技术”。在以理解为目的的对话中，不管恰巧使用了什么方法与技术，需要与倾向都会出现在对话过程中，成为商谈的对象并得到调整和修正。理查德·桑内特（Richard Sennett）提出了一个命题，认为所有对话都应是“非正式的”，也就是说，我们应避免在对话开始之前，就确定对话的程序性规则，从而发展了伽达默尔的思想。

让我再次引用马尔帕斯的分析作为总结：

> 在《真理与方法》中，伽达默尔最后得到的关于理解的基本模式，就是对话的基本模式。一次试图就某些待讨论的事情达成共识的对话，涉及双方之间的交流；相应地，这种交流如果处于对话中的某一方的控制之下，那么永远也不可能完成，但是这种对话更取决于所讨论的问题和事情……因为对话与理解都涉及要趋向一种共识和一致，所以伽达默尔主张，所有的理解都涉及使用共同的语
> 116 言，虽然共同的语言本身也是在理解的过程中形成的。

换言之，正如布丁是否好吃，只有吃了才知道，对话——作为通向相互理解、相互考虑、最终达成共识（即使只是一种被降低到“同意不达成一致”的共识）的光明大道——是否成功，只有参与对话，以及参与为了排除对话过程中必然出现的各种障碍而进行的对话。不管对话会面临什么障碍，也不管这些障碍看起来多么巨大，只要留在这一光明大道上，就能达成共识，进而实现和平共处、互惠互利、合作共存、团结共生。其原因很简单，因为对话可以打败所有的敌人和竞争者，所以是最好的方法和选择。让我们认真地阅读、时刻谨记阿皮亚的劝告：

[在他关于地球上的人类居民日益世界主义化的研究中，他
说，] 我将倚重的模式，就是对话的模式——特别是强调采用不
同生活方式的人们之间的对话。世界正变得越来越拥挤，在接下
来的半个世纪中，我们曾经以采集为生的人类物种的数量，将会 117
达到 90 亿。鉴于这些情况，跨越边界的对话，可能是令人愉快
的，或者只是令人为难和恼火的。然而，前者必将是这些对话的
主流。

阿皮亚的这些话，听起来极像一个适当的结论，即“移民危机”表明了我们共同的世界现在处于一种什么样的状态，不管我们是否喜欢，我们所有人都面临抉择，也不管我们是否愿意，在
118 可见的将来，我们都将不得不在这些选项中做出抉择。

译后记

中东乱局导致大量难民涌入西方，西方各国政府的反应让人失望。它们夸大这种难民潮的危险性，误导民众，造成社会恐慌，并掀起排斥难民的浪潮，使难民的命运更加悲惨。西方国家强权机构还打着清理难民中的恐怖分子的旗号，趁机集权和扩权，甚至不经允许随意破门而入，从而给民众带来了真正的不安全。由于生活水平的停滞甚至下降，西方民众对现行政治系统感到失望而日益求助于政治强人，右翼势力趁机日益抬头。本书对上述现象进行了深刻的揭示，并就全球化时代人们应如何共居一处、形成人类命运共同体提出了自己的思考。值得一提的是，本书不仅坚持了作者一贯的超然各方的非依附性学术立场，也坚持了其一贯的行文风格：用词生僻、信息密集、一句成段。这无疑增加了阅读和翻译的难度。因此，尽管本书翻译成员力求翻译准确并使译文符合中文习惯，但由于水平有限，或有错漏曲解之处，欢迎读者批评指正（电子邮箱：531139998@qq.com）。

本书的翻译出版得到了中国人民大学出版社宋义平先生、盛杰女士的支持，在此表示感谢。

本书的翻译分工如下：第一章，姚伟；第二章，吴莎；第三章，杨麒；第四章，乔煜昕；第五章，马小会；第六章，邓中华。全书最后由姚伟统校。

姚 伟

于科大花园

图书在版编目（CIP）数据

门口的陌生人 /（英）齐格蒙特 • 鲍曼著；姚伟等译 .—北京：中国人民大学出版社，2017. 12

ISBN 978-7-300-25038-0

Ⅰ . ①门… Ⅱ . ①齐… ②姚… Ⅲ . ①难民问题-研究-欧洲 Ⅳ . ①D750. 391

中国版本图书馆 CIP 数据核字（2017）第 240368 号

门口的陌生人

[英] 齐格蒙特 · 鲍曼　著

姚伟　等　译

Menkou de Moshengren

出版发行	中国人民大学出版社		
社　　址	北京中关村大街 31 号	**邮政编码**	100080
电　　话	010–62511242（总编室）		010–62511770（质管部）
	010–82501766（邮购部）		010–62514148（门市部）
	010–62515195（发行公司）		010–62515275（盗版举报）
网　　址	http://www.crup.com.cn		
	http://www.ttrnet.com（人大教研网）		
经　　销	新华书店		
印　　刷	北京联兴盛业印刷股份有限公司		
规　　格	145 mm × 210 mm　32 开本	**版　　次**	2018 年 1 月第 1 版
印　　张	4 插页 2	**印　　次**	2019 年 5 月第 2 次印刷
字　　数	57 000	**定　　价**	35.00 元